公路工程材料

GONGLU GONGCHENG CAILIAO

价格指数及应用

JIAGE ZHISHU JI YINGYONG

□ 刘建华 邹苏华 颜舜 宋军 编著

（北京中交京纬公路造价技术有限公司）

中南大学出版社

www.csupress.com.cn

·长沙·

图书在版编目（ＣＩＰ）数据

公路工程材料价格指数及应用／刘建华等编著. --长沙：中南大学出版社，2018.11
ISBN 978 - 7 - 5487 - 3287 - 7

Ⅰ.①公… Ⅱ.①刘… Ⅲ.①道路工程－建筑材料－价格指数－研究－中国 Ⅳ.①F724.75

中国版本图书馆 CIP 数据核字(2018)第 142452 号

公路工程材料价格指数及应用

刘建华 邹苏华 颜 舜 宋 军 编著

□责任编辑	韩 雪	
□责任印制	易红卫	
□出版发行	中南大学出版社	
	社址：长沙市麓山南路	邮编：410083
	发行科电话：0731 - 88876770	传真：0731 - 88710482
□印　　装	长沙市宏发印刷有限公司	

□开　　本	710×1000　1/16　□印张 8.75　□字数 156 千字	
□版　　次	2018 年 11 月第 1 版　□2018 年 11 月第 1 次印刷	
□书　　号	ISBN 978 - 7 - 5487 - 3287 - 7	
□定　　价	24.00 元	

内容简介

本书主要是针对公路工程建设项目的特点以及现行造价管理中材料调差管理工作遇到的问题，结合国内外先进管理理念构建公路工程材料价格指数体系，基于公路工程材料价格指数体系设计出具有可操作性、简便、更加合理的材料价差调整计算模型并加以验证，为工程项目资金筹措提供依据以及为材料价差调整提供更简便、高效、准确的核算方法。

本书可供建设单位、施工单位、中介单位（包括造价咨询公司、招标代理公司、监理公司等）、审计部门等单位造价技术人员作为参考用书。

作者简介

刘建华 湖南怀化人，工学博士，现为长沙理工大交通运输工程学院副教授、研究生导师，广西交通投资集团有限公司博士后，北京中交京纬公路造价技术有限公司特聘专家。多年来，主持和参与国家及省部级纵向、横向科研项目多项，主编、参编的教材有《现代土木工程》《公路边坡工程》《土力学与基础工程》《公路工程技术与计量》等，在《岩土工程学报》《岩土力学》等刊物发表论文多篇。目前主要从事道路工程、岩土工程、桩基设计及工程经济、项目管理等方面的教学与研究工作。

邹苏华 湖南邵阳人，湖南省交通运输厅交通建设造价管理站站长，教授级高级工程师，湖南省交通职业技术学院兼职教授，湖南省公路学会副理事长，湖南省公路学会造价专业委员会主任委员，湖南省公路学会规划专业委员会副主任委员，长沙市仲裁委仲裁员，交通运输部评标专家库专家，交通运输部公路工程甲级造价工程师，交通运输部水运工程造价工程师，《湖南交通造价》（内刊）总编。主持省级科研课题多项，先后在《公路》等国家级刊物上发表学术论文20余篇，出版专著《公路交通建设经济性评价》。目前主要从事公路工程造价管理与研究工作。

颜舜 湖南怀化人，工程师，工学硕士，现就职于北京中交京纬公路造价技术有限公司现代工程管理研究中心。湖南交通建设造价管理站及湖南建设工程造价管理站材料价格评审专家库专家，先后主持或参与了国内诸多省份的造价管理与工程技术的课题研究。目前主要从事工程管理、工程经济、工程造价管理等研究工作。

宋军 湖南慈利人，高级工程师，工学学士，现就职于北京中交京纬公路造价技术有限公司，湖南交通建设造价管理站及湖南建设工程造价管理站材料价格评审专家库专家。先后主持或参与了国内诸多省份的造价管理与工程技术的课题研究。目前主要从事工程管理、工程造价管理等研究工作。

前　言

工程建设中材料费用占工程成本 50% 以上，部分工程甚至高达 70%。由于公路工程项目建设规模大、施工周期长，近年来材料价格的波动较大，对工程建设成本影响很大，使得公路工程材料价差调整面临巨大的挑战。建立并利用材料价格指数体系，对公路工程材料价差进行调整，不仅有利于实现公路工程造价的动态管理，还有利于扭转造价管理部在材料价差调整工作中的被动局面。

本书中，笔者分析了实物量价差调整方法的不足之处，从《FIDIC 合同条款》推荐的价格指数价差调整方法着手，以经济学、统计学、工程学和管理学等相关理论为支撑，系统地总结了价格指数编制的基础理论，构建了公路工程材料价格指数体系，并应用该指数体系对材料价差进行了实证计算，探寻了材料价格指数调差方法在公路工程中的适用性和可行性。

笔者依据公路工程造价管理的实际需要，结合公路工程建设的技术经济特点，借鉴国内外成熟的价格指数计算方法，提出公路工程材料价格指数计算模型。本书通过工程实例，使用实际数据演示了材料价格指数法调差的计算过程，为公路造价人员掌握公路材料价格指数法调差提供帮助，同时也为加强材料价格风险管控、规范项目施工期材料价格波动引起的价格调整工作提供了有力的支撑。

感谢湖南省交通运输厅交通建设造价管理站科研课题和北京中交京纬公路造价技术有限公司对本书的资助。在本书编写过程中，得到了湖南省交通运输厅交通建设造价管理站赵华、苏太胜、丁加明、肖滨、唐文英、李明德、周景阳、段冶、陈珊玙、罗浩文、颜赛清、丁夏淑的关心与技术指导，同时感谢北京中交京纬公路造价技术有限公司刘代全、董再更、谢萍、黄学源、邓宇峰，及长沙理工大学刘伟军副教授，中南大学汪优、丰静副教授等专家学者的支持。本书在编写过程中，参考了部分著作及文献资料，在此对其著作者表示感谢。限于作者水平，书中疏漏之处在所难免，敬请使用本书的读者提出宝贵意见。

编　者

2018 年 7 月

目 录

第1章 绪 论

公路建设作为一项关系国计民生的基础设施建设，近年来项目多、投资大，得到了政府的高度重视和社会各界的广泛关注，取得了前所未有的成绩，对加快经济社会的发展发挥了巨大作用。随着公路建设投资多元化、决策分层化、投资方式多样化、物资采购和供应市场化的进展，如何适应公路工程项目建设多方主体参与、建设周期较长、项目构成复杂、工程数量大、多阶段计价、人工、材料、机械设备等可变因素多及变化程度高、范围大的特征，搞好公路工程造价管理工作，尤其是做好工程造价动态管理，对于提高项目的经济效益、社会效益，化解参与公路建设利益主体之间的矛盾，构建和谐社会具有重要作用。迄今为止，公路工程造价管理中对物价动态管理尚未形成统一的体系和标准，研究公路工程材料价格指数、启用材料价格指数反映造价管理过程中材料的动态变化是加强公路工程造价管理的重要方法。

1.1 公路工程造价管理

1.1.1 工程造价概述

1. 工程造价的理解

工程造价本质上属于价格范畴。在市场经济条件下，由于工程项目参与人员的工作分工的不同，对工程造价有两种基本的认识。

第一种认识从投资人或业主的角度，建设工程造价指建设某项工程，预期开支或实际开支的全部固定资产投资和流动资产投资的费用，即有计划地进行某建设项目或工程项目的固定资产再生产建设，形成相应的固定资产、无形资产和铺底流动资金的一次性投资费用的总和，即项目投资。

工程造价的这种认识的出发点基于：投资人进行项目建设，选定一个投资项目，目的是为了获得预期的效益。项目投资人对项目设想、策划，进行可行性研究，通常通过项目评估后进行决策，然后进行设计招标、工程设计、工程施工、竣工验收和交付使用等一系列投资管理活动。在投资管理活动中，要支付与工程建造有关的全部费用，才能形成固定资产和无形资产。所有这些开支就构成了工程造价。从这个意义上说，工程造价就是工程投资费用。

第二种认识从承包商、供应商、设计者的角度出发，建设工程造价指工程交易价格，也就是工程价格。即在工程项目建设过程中，为建设某项工程，预计或实际在土地交易、设备购买、技术劳务供应、承包活动等交易活动中，所形成的工程承包合同价或建设工程总价格。

工程造价的第二种认识是以市场经济为前提条件，在工程项目建设经济活动中，以工程、设备、技术等特定商品形式作为交易对象，通过招投标或其他交易形式，在各方进行反复测算的基础上，经过多方考虑和比较，最终主要由市场决定而形成的交易价格。工程造价的这种认识是把工程造价界定为工程承发包价格，即工程交易价格。工程交易价格是工程项目的业主在建筑市场通过招标选择承包人，项目业主和承包人共同认可确定的价格，即工程造价是建设工程产品的建造价格。

基于以上的分析可以看出，由于项目建设的参与人不同，工程造价的认识和范围会发生变化。

2. 工程造价的职能

以工程造价的第二种认识为研究对象，即从工程价格的角度对建筑安装工程费用进行研究。从这个角度讲，工程造价属于工程价格即工程交易价格，因此，工程造价具有一般商品的价格职能。同时，由于工程建设与一般的商品相比，有自己的特殊性，因此，工程造价除具有一般商品的价格职能外，还具有其特殊的职能。

（1）控制职能

工程造价的控制职能主要表现在两方面：一方面是它对投资的控制，即在投资的各个阶段(决策、设计、施工等阶段),分别进行投资估算、初步设计概算和施工图预算,根据对投资项目造价的多次预估,通过对各阶段的建设方案进行评价和造价衡量,对工程造价进行全过程多层次的控制;另一方面,工程项目造价也是对以承包商为代表的商品和劳务供应单位进行成本控制。

(2)评价职能

工程造价可以作为一种衡量标准进行比较评价,工程造价是评价总投资和分项投资合理性和投资效益的主要依据之一。特别在评价建筑安装工程和设备价格的合理性时,需要利用工程造价资料,根据工程造价的经验数据进行评判;在评价建设项目偿贷能力、获利能力和宏观效益时,也需要依据工程造价才能进行;对于企业管理来说,工程造价也是评价建筑安装企业管理水平和经营成果的重要依据。

(3)预测职能

由于工程项目建设周期长、投资巨大和消耗的资源多,形成工程造价的大额性和动态性。在工程项目建设中,无论是投资人还是承包商,都要对拟建工程进行预测。投资人预测的工程造价,不仅作为项目决策和建设过程方案选择评价的依据,同时也是筹集资金和控制造价所需要的。承包商对工程造价的预测,既为投标决策提供依据,也为投标报价和成本管理提供依据。

(4)调控职能

建筑业在国民经济活动中占有重要地位和作用,工程建设直接关系到经济增长,也直接关系到资源分配和资金流向,对国计民生产生重大影响。所以国家对建设规模和结构进行宏观调控是在任何条件下都不可缺少的,同时,在微观方面,国家对政府投资项目进行直接调控和管理也是必需的。宏观调控和微观管理,都需要用工程造价作为经济杠杆,对工程建设中的物质消耗水平、建设规模、投资方向等进行调控和管理。

3. 工程造价管理

工程造价管理是对工程项目的建设,全过程、全方位、多层次地应用技术、经济及法律手段,对项目建设过程中的工程造价进行预测、优化、控制、分析、监督等,以获得资源的最优配置和建设项目最大的投资效益。

从工程造价管理的范围和角度分析,工程造价管理存在两种认识。一是建设工程投资费用管理,二是工程价格管理。

建设工程投资费用管理指为了实现投资的预期目标，在拟定的规划、设计方案的条件下，预测、计算、确定和监控工程造价及其变动的系统活动。它具体包括了合理确定和有效控制工程造价的一系列工作。从这个角度来说，工程造价管理工作即合理确定造价和有效控制造价。合理确定工程造价，即在工程建设的各个阶段，采用科学的计算方法和切合实际的计价依据，合理确定造价，也就是在不同阶段，分别进行投资估算、设计概算、施工图预算、承包合同价计算、竣工结算价计算的工作，并达到相对准确；有效控制工程造价，即在投资决策阶段、设计阶段、建设项目招投标阶段和建设实施阶段，把建设工程造价的发生控制在当初设定的造价限额以内，随时纠正发生的偏差，保证项目投资控制目标的实现，追求在项目建设过程中能合理使用人力、财力和物力，取得较好的投资效益和社会效益。

工程造价管理也包括价格管理，建筑安装工程费用即建筑工程交易价格属于价格管理范畴。在社会主义市场经济条件下，价格管理分两个层次，即微观管理和宏观管理。在微观管理上，它是工程项目建设的主要参与企业在掌握市场价格信息的基础上，为实现管理目标而进行的成本控制、计价、定价和竞价的系统活动。从这个角度来说，工程造价管理反映了具体项目的主要参与人按支配价格运动的经济规律，对建筑产品生产价格进行能动的计划、预测、监控和调整，并接受价格对建筑生产活动的调节。从宏观管理的角度，它是政府根据社会经济发展的情况和要求，利用法律手段、经济手段和行政手段对工程价格进行管理和调控，以及通过市场管理，规范市场主体价格行为的系统活动。

工程建设关系国计民生，同时，政府投资公共、公益性项目在现在和今后仍然会有相当大的比重。所以国家对工程造价的管理，不仅承担一般商品价格的管理职能，而且在政府投资项目上作为项目投资人也承担着微观主体的管理职能，这种双重角色的双重管理职能，是工程造价管理的一大特色，这也突出了工程造价管理的重要性。

1.1.2 公路工程造价管理内容

公路工程造价指公路工程建设项目从筹建到竣工验收交付使用所需全部费用（决算），以及与此相应的估算、概算、预算各阶段的控制费用指标。它包括建筑安装工程费、设备及工器具购置费、工程建设其他费用、建设期贷款利息以及国家规定应当计入工程造价的其他费用。

工程造价管理指建设行政主管部门、发展和改革、财政、审计、工程造价管理机构、项目投资人、建设业主等部门(单位)按照各自的职责运用法律、行政、技术和经济的方法对建设工程造价活动进行规范、监督和控制的过程。它包括编制工程计价依据、采集发布市场价格信息、合理确定及审批建设工程各阶段(贯穿于公路建设项目的可行性研究报告、设计、施工直至工程竣工交付使用全过程)工程造价、计价控制(承担公路项目某环节的参与单位的内部造价管理)活动以及为计价活动提供中介服务等公路建设市场的造价管理行为。

公路工程造价管理是公路建设工程管理的重要组成部分,工程造价的确定与控制贯穿公路建设项目管理的全过程;是质量、安全、工期管理目标的综合反映;是交通运输业科学发展的关键环节和重要内容;是转变交通发展方式的具体举措;是科学决策的基础和综合反映。"科学定额,合理造价,优质服务"既是造价管理的目标,也是交通科学发展、和谐发展的具体体现和必然要求。

公路工程造价管理内容是对公路工程建设项目的投资估算、设计概算、施工图预算、标底或者招标限价、合同价、变更费用、工程结算、竣工决算等造价编制、审查(批)的全过程管理,直接关系到公路建设、养护、营运各个环节的成本。

1.1.3 我国公路工程造价管理体系

公路工程造价行业内政府主管部门从中央到地方的纵向机构设置依次为:交通运输部、交通部公路工程定额站、省级交通主管部门(交通厅或交通管理委员会)、省区公路造价管理站(定额站)。其中,交通运输部和省级交通主管部门的主要职能是制定相关的管理政策并监督执行,交通部公路工程定额站和省公路造价管理机构则是政策的具体执行机构。

对于国家重大公路建设项目,工程可行性研究报告估算经交通运输部行业审查后由国家发改委审批,初步设计概算在省级交通主管部门初审后由交通运输部审批,公路建设项目施工图预算由省级交通主管部门审批;一般公路建设项目估算在省级交通主管部门初审后由省级发改委审批,概算在建设单位审查基础上由省级交通主管部门审批,公路建设项目预算在建设单位审查基础上由省级交通主管部门进行审批。工程决算由建设单位编制、省级交通主管部门认定;竣工决算报告由建设单位编制、审计部门审计、竣工验收委员会审查,上报相关部门。

目前,国内公路造价管理体系在各省区间虽然没有一个固定模式,但具有以下共同特征:

①政府在以社会效益为主的大部分公路工程项目造价管理中发挥了主导作用，肩负了不可推卸的管理职能，并承担最终的全部责任；

②从项目的概念性估价开始至工程竣工，项目的成本支出始终处于计划预期的受控状态；

③某一状态的估计偏差可以通过下一阶段的估计进行及时修正，而不会随时间大量累积；

④与项目造价相关的各种信息资料及时、有效、畅通。

表1.1所示为国内公路建设项目造价管理体系。

表1.1　国内公路建设项目造价管理体系表

项目阶段		预工可研	设计	招标	交竣工
管理体制	涉及部门	交通主管部门、发改委、水利、林业、国土资源、项目法人、工程咨询单位、工程造价管理部门	交通主管部门、水利、林业、国土资源、公路造价管理部门	交通主管部门、建设项目法人、咨询单位、公路造价管理部门	交通主管部门、财政、审计、项目法人、监理、设计、质监部门、公路造价管理部门
	计价标准	《公路工程估算指标》《公路基本建设项目投资估算编制办法》	《公路基本建设工程概算、预算编制办法》《公路工程机械台班费用定额》《公路工程预算定额》《公路工程概算定额》	《公路工程国内招标文件范本》中工程量清单格式	《交通建设项目竣工决算编制办法》《公路建设项目工程决算编制办法》

续表 1.1

项目阶段		预工可研	设 计	招 标	交竣工
管理体制	造价文件	预工可估算	初步设计概、预算、施工图预算	中标价	工程决算、财务决(结)算
	从业人员	造价工程师	造价工程师	造价工程师	造价工程师、会计师
	造价信息管理	省(区、市)造价管理部门发布			
编制方法		实物量法		综合单价法	
造价控制		发改委批准立项、工可研究及投资估算;预可估算允许偏差范围10%	交通主管部门批准初步设计及概算、施工图设计及预算	建设业主招标高限不得突破概(预)算相应建安费	交通主管部门对工程决算认定,审计部门审计竣工决算,财政部门审批竣工决算报告

我国香港地区的公路工程造价管理体系与欧美地区工程造价管理比较接近。

1.1.4 我国公路工程造价管理发展特点

1. 管理主体不因经济体制变化而变化

在计划经济时期,政府是公路造价管理的主体,由它来组织公路的投资建设,颁布公路工程定额和编制办法,组织人员收集公路造价资料和测定劳动定额。在市场经济体制下,尽管公路造价管理的职能增加了,但同样是由政府来承担。政府具体负责公路造价费用的审查、审批,颁布公路工程造价的计价依据和编制办法,定期或者不定期地发布工、料、机的价格,对公路工程造价人员的资质进行管理等。

这实际反映出:由于公路固有的公益性,只有政府才能履行为社会公众提供公路产品的基本责任。因此,那种认为"市场条件下,公路造价由市场确定,而不需要政府干预"的观点是片面的。首先，公路项目的决策计划阶段需要进行对投资的估价；其二，由于公路建设投资的主要资金来自政府财政，政府公路交通主管部门具有责任和义务保证这部分投资的合理、有效使用；第三，在市场条件下，由于存在竞争机制，政府对公路造价管理的难度远高于原来的计划体制。因此，对原有公路造价管理体制进行必要的改革。

2.计价手段、方式因经济体制变化而不断发生变化

从造价管理的发展历程可以看出，定额是在中华人民共和国成立后计划经济发展的过程中逐步产生、发展和成熟的。在计划经济时期，定额所反映的是测算造价的指标。因为计划经济时期的定额不仅规定工、料、机的消耗量，同时也规定了工、料、机的价格，即量价合一。这与计划经济时期人工、材料、机械执行国家计划价格密切相关。因此这种体制下采用工程量乘以单位估价表便能容易地得到公路工程的造价。

实行市场经济后，各种物价逐步放开，定额中的各种材料价格和人工工资也逐步放开。此时定额的内容发生了转变，实行了"量价分离"的原则，即定额中仅对工、料、机的消耗量做了规定，工、料、机的价格采用公路建设项目发生地的价格。此时编制公路工程投资估算、概算、预算均是采用实物量法。随着市场经济的逐步深入，公路施工实行了在工程量清单基础上的招投标。投标人针对工程量清单按照自己的劳动生产率、技术装备、施工工艺水平等因素对列出的工程量进行报价（综合单价），再在此基础上采用综合单价法计算出公路工程的造价。

3.定额修订以5~10年为一个周期

从公路工程造价管理发展历程的回顾可以发现，定额的制订和修编的时间先后为：1955年、1973年、1982年、1984年、1992年、1996年、2005年概预算编制办法局部修正、2007年、2011年局部修正及2017年定额。从发生的时间上能够看出，定额等计价依据的较重大的修订工作以5~10年为一个周期。

1.1.5 国内外工程造价管理的共同点

①政府对动用财政资源投资公路等公益性项目均有制度化造价控制程序。这种控制主要通过两方面实现：一是独立于政府之外的监督机构对财政投资进行监管，二是政府部门内部对财政资金进行监管，从而保证了造价的合理控制。

②国家政府主管部门直接或间接参与工程造价的宏观管理和控制，造价管理机构设置不一，但管理部门内部大多配有专职的估价技术官员。政府是工程造价

制度、法律法规的宏观管理者，政府职能部门将一些比较成熟的规则向行业推荐；造价行业组织、协会等社会中介机构对行业内机构从业单位资质、从业人员资格等进行管理。

③西方发达国家或地区政府部门对动用财政资源投资公益性项目的工程造价，一般寻找专门咨询公司或专家定价，实施阶段的工程造价由市场竞争形成。这种管理机制一是建立在它们的市场经济多年发展的基础上；二是它们的造价师或预算师在多年的工作中都积累了大量的个人资料；三是西方国家的公民素质尤其是造价师或预算师在信用方面的个人素质很高以及他们经历了逐层筛选的管理手段、成长过程，从而保证了造价工作者的质量，这与我国现状差别很大。

④各国都十分重视造价信息工作，造价信息的公开化程度很高，特别是公路造价信息的发布及公路造价数据库的建设，应尽可能使公路造价与市场真实价格相近。

⑤在计价上实行量价分离的原则，价格的资料主要来自政府、有关咨询单位、中介组织等发布的信息以及已往的工程经验等。

表1.2所示为中国香港地区和日本、英国、美国公路造价体系比较表。

表1.2　中国香港地区和日本、英国、美国公路造价体系比较表

管理体制	内容	中国香港	日本	英国	美国
	涉及部门	立法会财务委员会、高层资源分配会议、财经事务及库务局、中央投标委员会、环境运输及工务局、路政署	国会、财务省、国土交通省、公路局、大臣官房厅、道理公团、建设物价调查会、经济调查会	政府环境部地产服务中心、财政部、运输部、公路署	运输部、联邦公路管理局、项目管理办公室
	公路造价管理部门	路政署工程部工料测量组	国土交通公路局内设	类似中国香港	26个州运输部成立专门估价机构

续表1.2

管理体制	内容	中国香港	日本	英国	美国
	计价标准	土木工程标准计量方法(1992)	①国土交通省土木工程积算基准 ②建设工程标准步挂 ③明解土木工程市场单价等	①《建筑工程工程量标准计算规则》 ②《土木工程工程量标准计算规则》	根据历史统计资料确定工程"量",根据市场行情确定"价",参考商业出版物
	从业人员	工程测算师	积算师	工程测量师	专业工程师
	造价信息管理	造价数据库:主要是工程量清单项目及价格	造价数据库、公共机构等发布信息和出版刊物	造价数据库、政府和民间两种渠道发布造价指数	造价数据库、政府和民间两种渠道发布造价指数
造价编制方法		行业协会颁布统一工程量计价规则	工程计算、统一概算预算和工程量计算规则、市场价格	有统一工程量计价规则、市场价格	实际价格法、历史数据法、综合法
造价控制		政府高层资源分配会议审批财政预算。立法会财务委员会审批项目经费额度	国会审批的投资估算和最高国家预算不能突破	年度财政预算不能突破,工料测量师作用重要	监管体系健全、全过程监管、监管程序化、制度化、定量化、信用及风险约束
造价确定程式		立项、可行性研究估算、初步设计、施工图设计、招标、施工、竣工			

1.2 公路工程造价费用组成

1.2.1 国内公路工程造价费用的组成

国内公路工程造价费用组成如图 1.1 所示,具体内容如下:

①建筑安装工程费,包括直接费、间接费、利润、税金。

②设备、工具、器具及家具购置费。

③工程建设其他费用。

④预留费用(限于估概预算)。

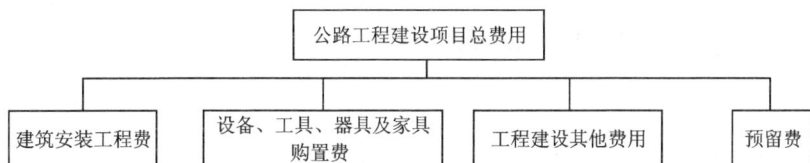

图 1.1　国内公路工程建设项目造价总费用组成

建筑安装工程费的构成如图 1.2 所示。

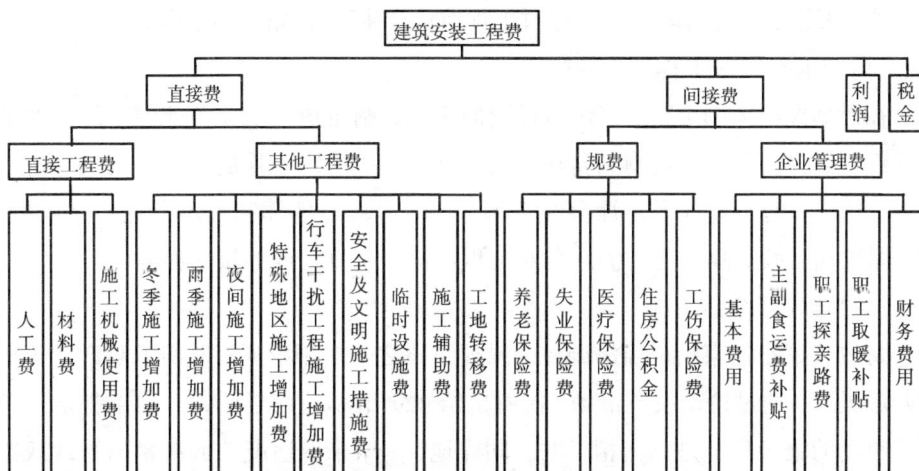

图 1.2　建筑安装工程费的构成

1.2.2 欧美等国家和香港地区工程造价费用的组成

①土地购置或租赁费。

②现场清除及场地准备费。

③工程费。工程费包括直接费（即直接构成分部分项工程的人工费、材料费和施工机械费）、现场费、管理费、风险费和利润。

④永久设备购置费。

⑤设计费。

⑥财务费用。包括贷款利息等。

⑦法定费用。包括支付地方政府的费用、税收等。

⑧其他。包括广告费等。

1.3 公路工程造价影响因素

工程造价形成基础是建筑产品的价值。由于工程建设的特殊性、工程造价的特点以及其计价的特点，影响工程造价的因素十分广泛。从宏观的角度看，政府行为、市场供求状况、建筑科学技术水平、社会经济发展水平都直接或间接地影响工程造价。对于某一具体工程来说，设计水平、自然环境状况、业主的价值取向、风险因素、承包商的行为等都对工程造价产生直接或间接的影响。

（1）政府行为对工程造价的影响

在计划经济体制下，国家作为投资的主体，制定统一的定额水平、统一的造价文件编制办法和统一的材料价格，政府行为直接决定工程造价。在市场经济体制下，虽然政府不直接干预社会经济事务，但市场经济体制也不是完美无缺的，尤其是建筑工程，政府行为仍然会对工程造价产生直接或间接的影响。

①财政政策的影响。

财政政策是国家宏观经济调控的重要手段之一。国家通过积极的财政政策可以刺激投资，通过拉动投资市场，同时也给建筑市场注入了活力。而工程造价与建筑市场的繁荣程度是紧密相关的。同样地，国家采取适度的或从紧的财政政策也会影响到工程造价。

②税收政策的影响。

税收政策直接影响投资行为和工程造价。当税收较低时，投资者就会获得更多的利益，投资积极性增加，建筑市场也会繁荣起来，这时工程造价一般偏高；反之建筑市场就会萎缩，出现"僧多粥少"的局面，工程造价在激烈的竞争中就会压低。此外，在工程建设中，税金也是工程造价的组成部分，与工程有关的税收包括营业税、城市维护建设税、教育费附加和固定资产投资方向调节税。因此，国家的税收政策会影响工程造价。

③货币政策的影响。

货币政策也是国家宏观经济调控的重要手段之一。国家通过调整利率等货币政策手段对宏观经济进行调控。建设期利息的支付作为工程造价的组成部分，毫无疑问会对工程造价产生影响，尤其是建设周期长的工程。同样，汇率也会对需用外汇的建设项目的工程造价产生影响。

从政府行为对工程造价的影响可以看出工程造价具有时间性，需要考虑时间因素。

(2)建筑市场供求状况对工程造价的影响

建筑市场从广义上理解，是建筑商品交换关系的总和；从狭义上理解，是建筑商品的交换场所。从广义这个角度理解，建筑市场包括建筑商品生产者(承包商)与消费者(发包人、投资者、购买者)的关系、总包商与分包商的关系、监理工程师与各方的关系、建筑商品的供求关系、建筑要素(人工、材料、机械等)的供求关系以及商品的价格与供求关系等。

商品的价格与供求的关系是相互影响、相互制约的。从短时期看，是供求决定价格；但从长时期看，实际上是价格决定供求，是价格调节着供求的平衡。

(3)建筑技术水平对工程造价的影响

建筑技术水平直接影响建筑业的劳动生产率，随着建筑业的生产效率逐步提高，消耗在单位建筑产品中的社会必要劳动时间在不断地减少，相应的建筑产品价格会降低。

同时，建筑技术主要表现在设计理论的不断完善、新材料的不断涌现、新技术新工艺的采用以及管理水平的提高等。这些方面的提高对工程造价的影响更直接、更深远。

(4)设计水平对工程造价的影响

设计阶段是项目建设过程中一个重要的阶段。设计方案、设计标准的确定，施工方案的优劣，施工组织的合理性都会影响工程造价的高低。国内外工程实例及统计资料表明,设计阶段影响工程造价的程度为 75% ~ 90%,而施工阶段对工程造价的影响程度只有 5% ~ 15%。因此,设计阶段是建设项目工程造价控制的关键环节。

(5)区域经济水平对工程造价的影响

区域经济水平对工程造价有着较大影响,主要表现在人工、材料、机械和环境保护等方面。

①人工费。

根据初步统计发现,目前我国建筑工程中的人工费在建筑安装工程造价中占20% 左右,其价格的高低会直接影响工程造价。目前,我国各地区经济发展不平衡,不同地区的人工单价差别较大,经济欠发达地区一般有较多的剩余劳动力,因而劳动力的价格偏低,经济发达地区则偏高。因此,各个地区的工程造价存在差别。

②施工机械化程度。

机械使用费在建筑安装工程造价中占 15% ~ 20%,施工机械化程度影响到建筑生产效率,不仅对工程造价产生影响,而且对工程质量、工程进度也会产生影响。

③建筑材料的供求。

建筑材料费用在建筑安装工程造价中占 60% 左右,其对工程造价的影响是最显著和敏感的因素。经济发达地区由于需求较大,市场程度较高,建筑材料价格更趋合理。此外,工程材料的材质对工程造价的影响也是较大的,不同地区对工程材料的质量要求也略有不同。

④环境保护。

随着国家经济建设的深入展开,在节能减排方面越来越要求严格,一方面是建筑物本身的节能减排和环境保护方面的要求,这会增加工程造价;另一方面,工程建设过程中的节能减排和环境保护方面的要求,也会增加工程造价。这方面的要求也略存在地区差别,经济发达地区对节能减排和环境保护的要求相对高一些;在工程建设中,经济发达地区对噪声、"三废"的处理标准相对高一些,工程建设成本也相应提高。

(6)承包商对工程造价的影响

目前大多项目建设时采用工程招标的方式选择承包商,市场竞争客观上要求承包商提高专业水平和管理水平。承包商的专业水平和管理水平的提高,对工造价产生十分重要的影响。

由于以上因素对工程造价具有影响作用,在收集和整理工程造价资料,形成造价指标和指数时,需要考虑时间因素、地区甚至地理位置因素、设计因素和项目其他的复杂程度。

在公路建设中,影响工程造价的因素主要有勘察设计深度、定额水平、费率、价格等,也有国家政策和经济发展方面的因素,其还与决策及实施的时机有关。

①工程方面,有建设标准、投资额度、工程地质勘察、设计质量、管理水平等主观因素。

②国家政策、经济发展及市场变化等客观因素,包括土地政策、劳务费、物价、汇率、税率的变动。

③自然灾害、战争、索赔和反索赔事件以及汇率风险等不可预见的因素。

公路工程造价波动的影响因素很多,工程方面的影响因素是可以通过参与者的主观努力使之得以控制;国家政策和市场变化等客观因素的影响则需要参与者根据客观因素的变化适时对工程造价加以控制和调整;不可预见的客观因素则需要参与者根据经验,提前做好控制准备,及时采取必要的控制对策,将公路工程造价的波动控制在最小,由此才能合理使用建设资金,发挥投资效益。

影响公路工程造价的因素较多,建设标准、规模、设计变更等主观因素和物价波动等客观因素对工程造价的影响都可以由人工、材料、机械使用费等要素的动态变化形式表现。建设标准的提高、规模的扩大、设计变更、管理水平不高导致的索赔等均可通过具体工程细目和数量进行计价;国家经济政策和市场变化等引起物价波动影响工程费用的计价方法主要有价差法、价格指数法等。

1.4 公路工程常用材料

广义的建筑材料指用于建造建筑物和构筑物的所有材料,是原材料、半成品、成品的总称。狭义的建筑材料指直接构成建筑物和构筑物实体的材料。

公路基本建设工程中使用的各种材料,品种规格繁多,性能各异。按其来源可分为外购材料、地方性材料和自采加工材料三部分;按其在设计和施工生产过程中所起的作用,则又可以划分为主要材料、次要材料、辅助材料、周转性材料及金属设备等五大类。

1.4.1　按材料来源分

①材料：指由项目法人按合同规定直接供应的材料和大部分由承包人自行在市场上采购的材料，如钢材、水泥、化工材料、五金、燃料、沥青、木材等。

②地方性材料：指砂、石、灰、砖、瓦等材料。

③自采加工材料：主要指由公路承包人自行组织人员进行采集加工的砂、石、黏土等自采材料。

1.4.2　按材料在设计和施工生产过程中所起的作用分

①主要材料：主要指公路基本建设工程中使用的构成产品或工程实体的各种量大或昂贵的材料，如钢材、水泥、石油沥青、石灰、砂子、石料等。

②次要材料：主要指相对于主要材料而言，用量较少的各种材料，如电焊条、铁钉、铁丝等。

③周转性材料：主要指在施工生产作业过程中，可以反复地多次地周转使用的材料，如模板、脚手架、支架、拱盔、钢轨、钢丝绳、铁件以及配套的附件等。

④辅助材料：主要指有助于产品和工程实体的形成或便于施工生产的顺利进行而使用的材料，它们不构成公路基本建设工程的实体，如油燃料、氧气、脱模剂、减水剂及机械的各种零配件等。

⑤金属设备：主要指公路基本建设工程中，用定型或现场加工制作的金属构件制作拼装而成的常用的可周转使用的金属设备，如单双导梁、跨墩门架、悬臂吊机、悬浇挂篮、提升架等。

1.4.3　公路工程常用工程材料

1.钢材

由于钢材都是在严格的技术控制条件下生产的，品质均匀致密，抗拉、抗压、抗弯、抗剪切强度都很高。其常温下能承受较大的冲击和振动荷载，有一定的塑性和很好的韧性。钢材具有良好的加工性能，可以铸造、锻压、焊接、铆接和切割，便于装配，还可以通过热处理方法，在很大范围内改变或控制钢材的性能。

公路建设工程中使用的钢材，主要包括板、管、型材，以及钢筋混凝土中的钢筋、钢丝等。钢材具有良好的技术性质，能承受较大的弹塑性变形，加工性能好,因此被广泛使用。从材质上分主要有普通碳素结构钢和低合金结构钢,也用到优质碳素结构钢。通常,按照不同的工程结构类型,可将钢材分为两大类:钢结构用钢,如各种型钢、钢板、钢管等;钢筋混凝土工程用钢,如各种钢筋和钢丝。钢结构用材在公路建设工程中使用较少,大量使用的混凝土用钢材,如钢筋、钢板、钢丝等。

钢筋是建筑工程中使用量最大的钢材品种之一,其材质包括普通碳素钢和普通低合金钢两大类。常用的有:热轧钢筋、冷加工钢筋钢丝,以及钢绞线等。

(1)热轧钢筋

钢筋混凝土结构对热轧钢筋的要求是机械强度较高,具有一定的塑性、韧性、冷弯性与可焊性。热轧钢筋按屈服点和抗拉强度分为Ⅰ、Ⅱ、Ⅲ、Ⅳ四个等级,其中Ⅰ级钢筋用碳素结构钢轧制,其余用低合金结构钢轧制。Ⅰ级钢筋强度较低,但塑性及可焊性好,便于冷加工,广泛用作普通混凝土中的非预应力钢筋;预应力钢筋应优先选用Ⅳ级钢筋,也可选用Ⅱ级或Ⅲ级钢筋。

(2)冷加工钢筋

在常温下对钢筋进行机械加工(冷拉、冷拔、冷轧),使其产生塑性变形,从而达到提高强度(屈服点)、节约钢材的目的,这种方法称为冷加工。经冷加工后,钢筋塑性、韧性均有所下降。

2. 水泥

水泥是一种粉状水硬性无机胶凝材料,加水搅拌后成浆体,能在空气中硬化或者在水中更好地硬化,并能把砂、石等材料牢固地胶结在一起。早期石灰与火山灰的混合物与现代的石灰火山灰水泥很相似,用它胶结碎石制成的混凝土,硬化后不但强度较高,而且还能抵抗淡水或含盐水的侵蚀。长期以来,它作为一种重要的胶凝材料,广泛应用于土木建筑、水利、国防等工程。

水泥从诞生至今的180多年发展历程中,为人类社会进步及经济发展做出了巨大贡献,与钢材、木材一起并称为土木工程的三大基础材料。由于水泥具有原料资源较易获得、相对较低的成本、良好的工程使用性能以及与环境有较好的相容性等优点,在目前乃至未来相当长的时期内,水泥仍将是不可替代的主要土木工程材料。

水泥按其用途及性能分为通用水泥、专用水泥、特性水泥,按其主要水硬性物质名称分为硅酸盐水泥、铝酸盐水泥、硫铝酸盐水泥、氟铝酸盐水泥、磷酸盐水泥、以火山灰性或潜在水硬性材料以及其他活性材料为主要成分的水泥。

现行《通用硅酸盐水泥》(GB 175—2007)国家标准规定，凡由硅酸盐水泥熟料、0～5%石灰石或粒化高炉矿渣、适量石膏磨细制成的水硬性胶凝材料，称为硅酸盐水泥(即国外通称的波特兰水泥)，如表 1.3 所示。

表 1.3　硅酸盐水泥强度标准

品　种	强度等级	抗压强度/MPa		抗折强度/MPa	
		3d	28d	3d	28d
硅酸盐水泥	42.5	17.0	42.5	3.5	6.5
	42.5R	22.0	42.5	4.0	6.5
	52.5	23.0	52.5	4.0	7.0
	52.5R	27.0	52.5	5.0	7.0
	62.5	28.0	62.5	5.0	8.0
	62.5R	32.0	62.5	5.5	8.0

注：现行标准将水泥分为普通型和早强型(或称 R 型)两个型号

水泥可掺入各种外加剂，按其使用功能可以分为减水剂、早强剂、引气剂、膨胀剂、速凝剂、缓凝剂、防锈剂等。

3. 木材

木材是一种天然的、非匀质的各向异性材料，具有轻质高强，易于加工(如锯、刨、钻等)，较高的弹性和韧性，能承受冲击和振动作用，导电和导热性能低，木纹美丽，装饰性好等优点；但也具有构造不均匀，各向异性，易吸湿、吸水而产生较大的湿胀、干缩变形，易燃、易腐等缺点。作为一种古老的土木工程材料，由于其具有一些独特的优点，在出现众多新型土木工程材料的今天，木材仍在工程中占有重要地位，特别在装饰领域。

木材的强度主要有抗压、抗拉、抗剪及抗弯强度，而抗压、抗拉、抗剪强度又有顺纹、横纹之分，顺纹与横纹强度有很大差别。顺纹作用力方向与纤维方向平行；横纹作用力方向与纤维方向垂直。木材受剪切作用时，由于作用力对于木材纤维方向的不同，可分为顺纹剪切、横纹剪切和横纹切断三种。影响木材强度的主要因素为含水率(一般含水率升高，强度降低)、温度(温度升高，强度降低)、荷载作用时间(持续荷载时间变长,强度下降)及木材的缺陷(木节、腐朽、裂纹、翘曲、病虫害等)。木材的主要缺点是:易腐、易燃、各向异性、胀缩变形大、天然疵病多。

按材料分类可分为原条、原木、锯材、枕木。

①原条指已经除去皮、根、树梢的木料,但尚未按一定尺寸加工成规定的材料。

②原木指已经除去皮、根、树梢的木料,并已按一定尺寸加工成规定直径和长度的材料。

③锯材指已经加工锯解成材的木料,如枋料、板料。

④枕木指按枕木断面和长度加工而成的成材,主要供铁路用。

4.沥青

沥青按其产源可分为地沥青和焦油沥青两大类。

地沥青又分为石油沥青和天然沥青两种。石油沥青是石油原油提炼出汽油等之后的残渣,经过加工而得的副产品;天然沥青是石油在地壳中经过长时间天然因素的影响而形成的产物。焦油沥青,俗称柏油,是由各种有机物(如煤、页岩等)干馏而得到的焦油,经过再加工而获得的副产品,因为有机物的不同,分为煤沥青和页岩沥青等。

乳化沥青是将黏稠的石油沥青加热至流动态,经机械力作用形成细小的微粒,分散在有乳化剂和稳定剂的水中,形成均匀稳定的乳状液。乳化沥青的主要优点是不需要加热可直接用于施工,受低温季节影响较小,常温下洒布均匀;可用于铺筑封层,表层处治、贯入式、沥青碎石、沥青混凝土等路面。其缺点是路面成型时间长,稳定性差。

改性沥青指通过掺加橡胶、树脂类高分子聚合物等改性剂,或对沥青轻度氧化等措施,改善沥青的力学性能,增强其在高温下的稳定性、耐疲劳性和低温抗裂性的沥青。

公路路面工程中常用的有石油沥青、煤沥青、乳化沥青和改性沥青。

5.砂石

砂、石材料是公路工程中使用广泛的材料。岩石分为火成岩、水成岩和变质岩三种,其造岩矿物主要有石英、长石、云母、深色矿物、高岭土、碳酸钙、碳酸镁、白云石和石膏等。

天然石材主要有花岗岩、石灰岩、砂岩、大理岩等几种，公路工程中用的主要有粗料石、细料石和片、块石等。

(1)碎石

碎石一般采用花岗岩、砂岩、石英岩、玄武岩等，经人工或机械破碎而成。碎石的颗粒形状对混凝土的质量影响甚为重要，最好的颗粒形状是接近正方形的小立方体石块，片状或针形者都不宜用以拌制高标号混凝土。

路面用碎石最大粒径常用1.5 cm、2.5 cm、3.5 cm、5 cm、6 cm、7 cm、8 cm，桥梁等结构物用碎石最大粒径常用2 cm、4 cm、6 cm、8 cm。

碎石的表观密度一般为：2.5～2.7 g/cm^3；处于气干状态时的堆密度一般为：1400～1500 kg/m^3；在堆积状态下的空隙率为45%。

(2)砂

砂(即通常所指的普通砂)系指自然山砂、河砂、海砂。它是由坚硬的天然岩石经自然风化逐渐形成的疏散颗粒的混合物。砂的主要用途是作为细集料与胶凝材料(包括水泥、石灰等)配制成砂浆或混凝土使用。砂是组成混凝土和砂浆的主要材料之一，是土木工程的大宗材料，一般分为天然砂和人工砂两类。

天然砂是由自然条件作用(主要是岩石风化)而形成，粒径在5 mm以下的岩石颗粒。按产源不同，天然砂可分为河砂、海砂和山砂。山砂表面粗糙，颗粒多棱角，含泥量较高，有机杂质含量也较多，故质量较差。海砂和河砂表面圆滑，但海砂含盐分较多，对混凝土和砂浆有一定影响，河砂较为洁净，故应用较广。通常，山砂与水泥黏结较好，用来拌制的混凝土强度较高，但拌合物的流动性较差；河砂、海砂与水泥的黏结较差，用来拌制的混凝土强度则较低，但拌合物的流动性较好。

人工砂指经除土处理的机制砂、混合砂的统称。机制砂是由机械破碎、筛分制成的，粒径小于4.75 mm的岩石颗粒，但不包括软质岩、风化岩石的颗粒。近年来，随着天然砂石的开采和使用得到控制，人工(或机制)砂石逐步进入市场。人工砂应用市场的扩大也表明我国砂石业整体水平的提高。

砂的粗细程度指不同粒径的砂粒混合在一起的平均粗细程度。砂的粗细用细度模数表示，细度模数越大，砂越粗。按细度模数，砂又分为粗砂、中砂、细砂、特细砂4级。粗砂的细度模数为3.1～3.7，平均粒径为0.5 mm以上；中砂的细度模数为2.3～3.0，平均粒径为0.35～0.5 mm；细砂的细度模数为1.6～2.2，

平均粒径为 0.25 ~ 0.35 mm；特细砂的细度模数为 0.7 ~ 1.5，平均粒径为
0.25 mm以下。普通混凝土用砂的细度模数范围在 1.6 ~ 3.7，以中砂为宜，或者
用粗砂加少量的细砂，其比例一般为 4∶1。在相同质量条件下，细砂的总表面积
较大，而粗砂的总表面积较小。在混凝土中，砂的表面需要由水泥浆包裹，砂的
总表面积愈大，则需要包裹砂粒表面的水泥浆愈多。因此，一般来说用粗砂拌制
的混凝土所需的水泥浆比用细砂的少。

1.5　公路工程材料价格指数的意义

　　为了适应具有中国特色的社会主义市场经济的建设，在工程造价管理领域，
国家正在进行改革，逐步实现"政府宏观调控、企业自主报价、市场形成价格"的
工程造价管理模式。改变从前完全依靠政府发布的定额进行造价管理的单一模
式。依靠政府发布的定额计价模式，工程造价的价格确定依据主要是政府发布的
定额和调价规定。在市场经济条件下，在新的造价管理模式下，工程造价的价格
由企业依据市场情况、自身的管理水平、生产能力进行确定。在这种情况下，市
场信息的收集和经验数据的收集、整理工作变得相对重要，否则，工程造价的确
定和控制变得相对困难。随着公路建设投资多元化、决策分层化、投资方式多样
化、物资采购和供应市场化的进展，如何适应公路工程项目建设多方主体参与，
建设周期较长，项目构成复杂，工程数量大，多阶段计价，人工、材料、机械设备
等可变因素多及变化程度、范围大的特点，特别是对于公路工程材料，由于其种
类、规格、型号、价格等存在着不小差异，因此应结合公路工程材料的特点，搞好
公路工程材料价格动态管理工作，对于提高项目的经济效益、社会效益，化解参
与公路建设利益主体之间的矛盾、构建和谐社会具有重要作用。迄今为止，公路
工程造价管理中对物价动态管理尚未形成统一的体系和标准，研究公路工程材料
价格指数，启用该指数反映公路工程建设过程中材料价格信息的动态变化也是加
强公路工程造价管理的重要方法。

　　指数是一种用来统计研究社会经济现象数量变化幅度和趋势的分析方法和手
段，有广义与狭义之分，广义的统计指数是反映社会经济现象变动与差异程度的
相对数，狭义的统计指数是反映社会现象总体数量变动状况的相对数。总体来
说，造价指数指标在一般都是客观反映市场价格变化对工程造价的影响，而实际

上对工程造价的影响因素往往不能仅凭造价指数反映出来，所以造价指数如何将项目本身的特征尽量地如实反映和尽可能地剔除主观因素的影响是目前造价指数编制过程中需要解决的问题。国内外对工程造价指数的研究都趋向于信息化、网络化发展，使工程造价指数等造价信息成为一种可以自身发展的信息产业之一，通过将各个时期的造价指数组成时间序列，能够较好反映建设工程造价的变化幅度和变动趋势，为建筑市场参与主体、投资决策、政府宏观调控提供有力的参考依据。而工程材料费用往往是工程造价的一个重要组成部分，材料价格的变化会对公路工程造价产生重大影响。

根据公路基础设施建设项目的特点和现行公路工程建设项目造价构成建立公路工程造价指数体系，能反映公路工程造价动态管理的体系、层级、方式，对规范公路建设市场、深化工程造价管理体制改革提供决策参考。

①根据省(区市)公路建设工程造价指数，可以反映宏观经济形势对公路工程造价变化的影响，为政府制订公路建设发展政策提供依据，为合理估算投资、实施工程造价动态管理提供参考。

②根据项目工程价格指数，可以指导发承包双方正确进行工程估价和合理结算价款。

③通过对工程造价指数变化原因的分析，可以预测工程造价变化趋势，提供未来年度工程造价涨落率，为合理计算估概预算中工程造价增涨费提供技术支撑。

④公路工程造价指数可以引导公路建设投资人、从业单位、材料供应商等正确把握市场变化趋势，为其预测投资效益、进行投资和经营决策提供一定参考依据。

在公路工程造价管理中，公路工程材料价格指数有非常重要的作用。通过公路工程材料价格指数研究，分析材料价格变化对工程造价的影响关系，为公路交通主管部门对公路建设项目投资的宏观调控、动态管理提供决策依据，对抑制公路工程无序竞争，维护建设工程发承包双方的合法权益，促进建筑市场健康发展提供有效措施。作为反映一定时期工程建设各个要素的市场价格变动对工程造价影响幅度的技术经济指标，公路工程材料价格指数的准确编制、指数体系的科学构建对公路工程造价动态管理具有重要意义。

①公路工程材料价格指数的编制可引导大中型造价咨询或相关领域企业组织(参与)公路工程造价工、料、机等基础性指数的测定工作，并相应建立与利用自

身造价资料数据库和技术统计分析系统，分析价格变动的趋势及其原因，促进其进行合理的自主报价，对于提高企业造价管理水平有重要的意义。

②公路工程材料价格指数为公路工程造价指数的全面研究与应用奠定基础，可以改变我国长期习惯于按定额计价的模式，而建立起建设工程全过程、全方位的，以工程造价资料和造价指数为依据的，符合市场实际的公路建设工程造价计价的新模式。

③公路工程材料价格指数可以动态进入到工程估算、概算、工程量清单计价以及工程价款结算工作中，是推行工程量清单计价方法的有力补充，可作为市场交易过程中承发包方合理投标报价、评标的重要依据，是实现全过程控制工程造价的有力工具。

④公路工程材料价格指数可供管理部门分析材料价格变化与宏观经济之间的关系，有利于造价管理部门掌握材料价格波动的规律，并做好应对措施，强化造价风险控制。同时公路工程材料价格指数体系具有非常强的整体性和关联性，价格指数可以非常真实地反映出公路工程主要材料价格及构成比重的变动情况，实现造价管理部门对全省公路工程造价的宏观控制。

第 2 章　工程造价指数

2.1　指数概述

2.1.1　指数的概念

指数，是一种常用的统计数据。在经济学中，作为一种非常重要的经济分析工具，指数能够对一个国家制定宏观经济政策、抑制通货膨胀起到非常重要的作用。从广义的角度来说，将任意两个数值进行比较，它们之间形成的对比值就称为指数；从狭义的角度来说，指数是用来对若干个指标在不同情况下发生变化所形成的特殊对比值进行测定的一种统计指标。与一般的相对数比较，它们之间存在着明显差异：一般的相对数指两个有关联的现象数据之间的比值，其相对简单，而指数可以用来说明比较复杂的社会经济现象的综合发展状况，并且，对于社会经济现象中的各种组成成分，利用指数可分析各成分对经济发展状况的影响程度。

1675 年，英国学者赖斯·沃汉（Rice Vaughan）为反映金属货币交换价值变化，用家畜、皮革、谷物和蔬菜等做样本，以 1352 年为基础，与 1650 年的物价进行比较，编制了个体价格指数。该个体价格指数是单一社会现象在不同时间上的简单数字比较，作为物价指数的萌芽，开启了指数的历史。工程造价指数是指数在工程建设领域的一种延伸，从指数的定义演绎至工程建设领域，工程造价指数可定义为反映建筑市场不同类型的建设项目在不同时间、不同区域的技术经济指标、建筑劳务价格和建材设备价格变动的相对数，通常基期指数取 100，是衡量建筑市场价格水平变化趋势的主要指标。

发展至今，指数已有三百多年的历史，已从最初的反映物价水平变动的物价指数，逐渐拓展到整个经济社会领域，指数理论也逐渐成熟，但唯独对于指数的定义一直未能统一。学术界对指数定义均有不同见解，徐国祥在其著作《统计指数理论、方法与应用研究》中对不同的定义进行分析总结，归纳出八种不同指数定义，并对产生不同定义理解的原因从指数理论的发展、指数的基本特点、指数的内涵理解方面进行分析研究，最后认为：指数有两层含义，一是指数是一种综合反映多种因素组成的经济现象在不同时间和空间条件下平均变动的相对数；二是指数分析法，即通过计算各种指数来反映某一经济现象的数值总变动及其组成要素对总变动影响程度的统计分析方法。

总之，指数是一种表明社会经济现象动态的相对数。运用指数可以预测不能直接相加和不能直接对比的社会经济现象的总动态；可以分析社会经济现象总变动中各因素变动的影响程度；可以研究总平均指标变动中各组分项指标水平和总体水平变动的作用。

指数理论是在解决实际问题中不断完善和发展起来的，是"外生"力量刺激"内生"因素而发展起来的，具有很强的外生性。正因为如此，指数理论有很多流派，指数的计算方法也有不同的公式。正如有的学者所说，指数理论是在争论中发展的，时至今日还没有一个统一的指数理论，一些争论仍然存在，很难达成共识。

工程造价指数是一种反映一定时期由于价格变化对工程造价影响程度的指标，它是调整工程造价价差的依据。

指数的应用范围十分广泛，不仅可以用于动态对比分析，而且广泛应用于经济现象中，对不同地区之间的经济现象进行对比分析研究。在欧美国家，会由咨询机构和媒体定期发布造价指数，如建筑造价指数和房屋造价指数；在英国及中国香港地区，主要工程造价信息的发布形式是价格指数，如投入价格指数、成本指数和价格指数。在工程造价管理中，通过对指数的应用，可以更快速、有效地满足市场主体对价格信息的需要。

相比较，我国目前对价格指数的应用相对匮乏，只是由国家统计局发布部分设备价格指数和安装费价格指数，而至今未有对公路工程项目中的工资、材料等价格指数的发布。因此，有必要根据我国公路工程造价模式的特点，将造价指数的概念运用到造价信息的编制方法中去。

2.1.2 指数的分类

作为一种可反映经济现象动态变动的相对数，按照不同的划分角度，指数通常可分为以下几类：

①按照其反映的对象范围不同，一般分为个体指数与总指数。

所谓个体指数（单项指数）指反映单个事件变化状况的指标，如某一商品的单位成本指数、出厂价格指数或产量指数。总指数是反映由多个事件组成的相对复杂的总体变化的指标，如反映商品销售额变化状况的综合指数。

②按照其反映指标性质的不同，一般分为质量指标指数与数量指标指数。

所谓质量指标指数，指反映总体的经济单位数、工作质量等质量指标平均变动的相对数，如平均工资水平指数。数量指标指数指反映总体计量单位数、规模等数量指标变动的相对数，如商品销售量指数。

③按照其采用的基期不同，一般分为环比指数与定基指数。

所谓环比指数，指将计算期的前一期作为基期来对计算期指数进行计算的一种指数。所谓基期指数，则指将某一相同的固定时期作为基期来对各个时期指数进行计算的一种指数。

④按照其反映时间状况的不同，一般分为动态指数与静态指数。

通常，随着时间的变化，各种现象或事物随之发生变化，不同时期的相同现象或事物通过对比会产生出一种效果——动态指标，动态指标能够反映出变化的综合情况，如期货价格指数、商品物价指数。静态指数指在对动态指数进行分析和使用的过程中，对动态指数的一种延伸，一般分为计划静态指数与空间指数。计划静态指数反映同一类现象或事件的实际情况与原计划之间的差异。空间指数则反映了同一类现象或事件在同一时期不同空间状况下的差异。

⑤指数根据所依据资料的期限长短分类，可以分为时点指数、月指数、季指数和年指数。

时点指数是不同时点价格对比计算的相对数；月指数是不同月份价格对比计算的相对数；季指数是不同季度价格对比计算的相对数；年指数是不同年度价格对比计算的相对数。

⑥按照其编制方法不同，一般分为综合指数、平均指数与平均指标指数。

将那些不可以直接加总的相关因素进行转化，使其能够直接进行同度量综合对比，这样形成的指数称为综合指数。将不同的个体指数进行加权平均计算处理后，最终得到的指数称为平均指数。处于不同时期的两个同一种平均指标通过对比而形成的动态比较值称为平均指标指数。

指数是用来统计研究社会经济现象数量变化幅度和趋势的一种特有的分析方法和手段，是一个相对指标，综合反映了社会经济现象变动的方向和程度。通常所说的指数指狭义的指数，即反映不能直接相加总的由多种因素所组成的复杂现象在总体数量上的综合变动程度的相对数。因此，这些现象是不同度量的，不能直接相加。例如，不同种类产品的销售量、成本或价格等，不能直接相加。利用指数，可以反映不同度量的社会经济现象在不同时间上总的变动程度和趋势，解决它们不能直接对比的困难。这也是总指数最基本的作用。

社会经济现象错综复杂，各种因素互相交织，互相影响，只有排除其他因素变动的影响，才能测定某一因素的变动程度。指数正采用了这种抽离法，在分析现象测定某一因素的变动时，先将另一些因素的变动固定起来，做了一些假定。因此，指数可以分析受多因素影响的社会经济现象的总变动中各个因素的影响方向和影响程度。

利用指数数列可以反映和研究社会经济现象的长期变化趋势。采用连续编制的动态指数数列，可以进行社会经济现象的长期变化趋势分析。同时，由于社会经济处于一个系统中，相互存在联系和影响，在实际应用中，可以将相互联系的指数数列进行比较分析，寻找存在的规律。

利用指数进行社会经济现象的综合评价和测定。很多经济现象都可以采用统计指数进行综合评定，对某种经济现象的发展水平进行综合的数量判断。

一般情况下，指数编制主要需要考虑四个基本要素：代表规格品、权重、基期和计算公式。这四个要素的选择将直接影响到指数功能的发挥。

2.2　国内外工程造价指数应用现状

2.2.1　国外工程造价指数应用现状

欧美香港等市场经济发达国家和地区对工程造价指数的应用比较普遍，对于政府管理而言工程造价指数既是对市场价格监测的指标之一，也是宏观调控的一个基础；对于工程投资建设方而言是合理确定工程造价的依据之一，也是甲乙方工程结算的依据。其共同特点是各国都十分重视公路造价信息的发布及公路造价数据库的建设，尽可能确保公路造价贴近市场真实价格。价格的资料主要来自政府、有关咨询单位、中介组织等发布的信息以及以往的工程经验等。

英国官方工程造价信息管理机构，主要有两个：贸工部(DTI)的建筑市场情报局和国家统计办公室。这两个机构共同负责搜集相关建筑信息和统计资料的工作，并将整理的信息按期发行。在民间，英国建筑业最有权威的信息中心是建筑成本信息服务部组织，这个组织专门收集已经结束的工程的造价资料，并将收集到的资料存入数据库，它要求所有会员定期报告工程造价的相关信息，并定时和随时满足其他会员对造价信息的需求。英国还有个物业服务社，专门发布投标价格指数，为其他单位进行招标或投标提供参考。同时建设各相关单位也把搜集整理造价信息和保留历史数据作为一项很重要的工作，特别是施工方，收集和整理的工程造价信息起了很大的作用，可以作为他们以后投标报价的很重要的依据。

在欧洲建设委员会有一个造价分委员会，专门从事各成员国之间的价格信息交换服务工作，搜集各国的造价信息，建立数据库，向委员会提供与工程造价有关的各种信息。

在日本，财团法人经济调查会和建设物价调查会负责国内劳动力价格、一般材料及特殊价格的调查及收集。每个月定期向社会公开发布各种价格资料，主要有：人工、机械、材料等价格。材料种类也非常丰富，主要有通用材料、土木材料、建筑材料、电气材料、机械设备材料等。一些主要材料的价格预测和建筑材料价格指数等也会在资料中一并发布。

目前，欧美、日本等许多发达国家和地区，在实际的工程建设中对造价指数的应用已经非常普遍，如表2.1所示。

表 2.1 国外及中国香港的工程造价指数体系

国家或地区	编制主体	指数1	指数2	指数名称	编制基期	信息来源	备注
美国	ENR	单项指数	月指数	MPI		20 cities	74 种材料
			月、年	SLI			熟练劳工指数
				CLI			普通劳工指数
		综合指数	月指数	建造指数等			包括每个城市
英国	国家统计局	单项指数	月、年	MPI	定基	UK	材料价格指数
		综合指数	季、年	PUBSECL		全国	各专业工程造价指数
				TPISHI			
				ROADCON			
				NOCOSI			
				ROCOSI			
				FOCOSI			
				NOMACOS			
				HOMACOS			
				OutputIndex			
	BCIS			HRCI			重建造价指数
				同统计局			
中国香港	建筑署	单项指数	月、年	EI		中国香港	建材价格指数
				LI			劳工指数
		综合指数	季、年	BCI			工料价格指数

2.2.2 国内工程造价指数应用现状

我国公路工程的价格管理经历了和建筑工程价格管理类似的发展过程，即由静态管理到动态管理和计划经济管理到市场经济管理的过程。定期发布建设工程的主要材料价格信息是我国行业管理部门的基本职能。

典型的价格信息平台《建材价格管理大师》《中国建筑材料价格信息数据库》等为建筑工程管理人员、工程造价人员及建筑材料厂商等专业人士提供建材市场价格信息。

目前，我国也是处于社会主义市场经济条件下，但是商品价格是市场调节为主，政府指导为辅，故政府部门在产品定价上起到一定的作用。此外，对于公路工程行业，政府部门又要求定期发布公路工程的主要材料价格信息，即政府部门发布的公路工程材料指导价，这就要求政府部门对材料价格的特点、发展趋势等有清晰的认识，以便公路工程参建单位可以对材料价格进行预测，利于工程造价的确定和控制。

与欧美等西方发达国家相比，我国造价指数体系起步较晚，材料价格指数体系的构建和应用等实际操作性方面的研究较少，大量研究还集中在造价指数的作用、意义、内容等方面。

在造价指数编制研究方面，柯洪和夏立明指出建筑安装工程造价指数是造价确定和控制的重要依据，但是传统的编制方法过于简单，没有充分认识工程造价指数的统计学性质，且在同度量因素的选择上不够合理，提出应以报告期的数量指标作为同度量因素，并用平均数指数的形式给出了建筑安装工程造价指数的编制方法。王庆元、付建广等综合分析了公路工程造价指数的概念和内涵，并简要提出了公路工程造价指数的构架体系和编制方法。李远生在工程造价指数的概念及其作用的基础上，阐述了工程造价指数和工程量清单价格的编制，并提出将已完工工程造价信息与工程造价指数相结合，能够解决拟建工程项目在"量"与"价"上都具有可比性和对工程造价进行动态控制的问题。吴学伟、任宏和竹隰生通过介绍英国与中国香港地区工程造价信息管理中的造价信息资源收集、应用及工程造价指标的内容，指出造价信息在建设工程价格机制形成中起着举足轻重的作用。彭雄文、柱华通过分析工程造价成本指数的编制原理及方法，提出了工程造价成本指数的编制模型，并进一步阐述了确定编制模型中各个参数的方法。沈维春和董士波论述了国外在工程造价指数编制工作中的先进经验和成熟做法，并提出了我国在工程造价指数编制与发布方面所存在的缺陷和差距，最后给出了解决缺陷问题和缩短差距的对策建议。曹峻阐述了工程造价指数的意义和作用，提出了如何建立工程造价指标数据库，最后分别分析了材料价格指数、材料综合价格指数和工程造价指数的编制模型。

在造价指数的应用研究方面，杨培育介绍了价格指数的概念和编制，探讨了在水利水电工程施工合同价格调整中可调因子和价格指数的确定方法，为水利水电工程造价进行动态管理提供了一种可靠的方法，并阐述了主要的工程造价指数和工程综合造价指数在项目实施中的用途。对国内省市的工程造价指数体系进行了统计，大致情况如表 2.2 所示。

表 2.2　国内部分省市的工程造价指数

省市	指数 1	指数 2	指数名称	编制基期	备注
深圳市	单项指数	月指数	主要建工材料指数	定基	钢筋、水泥、砂石等 11 种不同材料
			建筑工程材料指数		住宅、单身公寓、写字楼、厂房等
	综合指数		建筑工程造价指数		给排水工程、通风空调、电气工程等
			安装工程造价指数		给排水管道工程、沥青道路、水泥混凝土路面、燃气管道工程、高架桥等
			市政工程造价指数		
江西省	单项指数	季指数	人工费价格指数	环比	建筑工人、装饰工人
			材料费价格指数		钢筋、水泥等 8 大主材
			机械费价格指数		包括 12 种主要机械、没有机械费综合价格指数
	综合指数		造价指标		未具体分类、不明确
黑龙江省	单项指数	月指数	建工材料价格指数	定基	综合楼、商务楼、住宅楼等
			市政材料价格指数		沥青道路、水泥混凝土道路、市政给排水、园林绿化等
	综合指数		建筑工程造价指数		综合楼、商务楼、住宅楼等
			市政工程造价指数		沥青道路、水泥混凝土道路、市政给排水、园林绿化等
重庆市	单项指数	季指数	人工价格指数	定基	土建人工、土石方人工、机械人工、装饰人工等
			主要材料价格指数		钢材、水泥、砂石、沥青、木材、柴油、汽油等
	综合指数		建设工程造价指数		住宅、厂房、桥梁工程、隧道工程、道路工程等

　　从表 2.2 中可以看出：各省份的经济发展状况、建设工程造价管理水平、地域情况等不一样，造成各造价指数体系具有显著的差异性及地方色彩。

　　深圳市的工程造价指数研究水平在全国来说相对领先，其工程造价指数具有非常强的实用性。从指数发布形式来看，深圳的单项指数与综合指数皆为月指数。单项指数选择了占工程造价比例较大的建材价格指数为主要发布对象，比如钢筋，建筑工程材料指数的编制可以反映出工程造价中材料费用的变化情况，材料指数详细程度也可体现出其实用性。综合指数最能反映出深圳市在工程造价管理方面所取得的成就，它的发布选取了在深圳基础设施建设中占有相当比例的立交桥以及燃气管道工程造价指数，这两种工程造价指数在深圳市安装工程、市政工程造价管理中最为常见。江西省的工程造价指数体系虽不是最领先的，但他们的编制经验却值得同行借鉴与参考，目前国内编制人工、材料、机械三种单项指数的省份不多，江西省却是其中一个，并且编制了环比指数。但江西省在综合指数体系方面还不够完善，仅仅发布了一些造价指标。在人工费价格指数方面，其分类比较笼统，只选择了建筑工人人工费指数及装饰工人人工费指数两类指数；在材料费价格指数方面，其编制对象包含了 8 大主材；在机械费价格指数方面，其选择了在工程项目建设中常用的 12 种机械作为编制对象，在实际运用当中，机械费价格指数并不能起到很好的指导作用。

黑龙江省的工程造价指数体系在整个北方地区是非常具有代表性的，富有浓重的地域色彩。在黑龙江省的建设工程领域，建筑工程和市政工程处于非常重要的地位，相关造价管理部门肯定非常希望获得详细的造价信息，于是，基于建筑工程与市政工程的材料价格指数与综合造价指数也就顺应而生了。还有一个现象就是其将园林绿化工程列入了市政工程，这样的分类体系在全国都是非常少见的。而在作为指导性文件的《工程量清单计价规范》中，园林绿化工程是单独划分的一项内容，所以这一现象迟早会更正过来的。最能体现黑龙江省特色的应属其市政工程，在北方，采暖工程是市政工程中非常重要的一项内容，故其给排水工程造价指数可作为整个北方地区的典范。

重庆市的工程造价指数中一大特点就是隧道，由于重庆市是座山城，所以它的基础设施建设与隧道工程有着密不可分的关系。其工程造价指数中的人工价格指数的划分尤为细致，包括了土石方人工、土建人工、机械人工、装饰人工。由于装饰工程自身特征的缘故，在综合指数中没有见到其相关内容。重庆市地处山区，土石方工程相对较多，这也直接影响到了造价指数中对土石方人工的选择。

综合以上特征，我国目前各省市编制的工程造价指数体系具有以下特点：

(1)地域性特点

每个省市编制的工程造价指数体系的内容都是根据本省市建设工程项目所占比例比较大的建设工程作为编制对象，以指导本地的工程造价管理。

（2）多样性特点

每个省市编制的工程造价指数体系的分类标准不统一，有些是按用途分，有些是按层数分。综合指数的分类标准也不够统一。

（3）内容的不统一性

各省市所编制的相同指数包含的内容也不尽相同，同样是材料费价格指数，包含的材料数量都有区别。

目前，我国公路造价信息发布方主要为省级造价管理机构。发布的渠道主要有两种，即公路造价信息网和公路造价信息期刊。全国性的公路造价信息网尚未建成，对已完、在建及前期项目公路工程造价信息资料尚未建立数据库进行系统管理。部分已经建立公路造价信息网的省市正准备筹建已完公路造价信息数据库，也有部分省份每隔一段时间就通过公路造价信息期刊发布公路造价信息。公路造价信息除了这两个发布渠道外，全国范围内还有五个公路工程造价管理联络网，即华东片区公路工程造价管理联络网、华北东北公路工程造价管理联络网、西北片区公路工程造价管理联络网、西南片区公路工程造价管理联络网、中南片区公路工程造价管理联络网。这五大公路造价联络网定期召开会议，对公路工程造价相关的问题及事宜进行交流和研究。

现阶段，公路造价信息发布的主要内容有材料市场价格、公路造价工程师资格认证情况、地方性公路工程补充定额及编制方法补充规定、法规制度转载、研究资料交流等，对已建公路的造价信息管理涉及较少，对工程造价指数尚未发布。

2.3　公路工程造价指数体系

2.3.1　工程造价指数

工程造价指数，是反映一定时期构成工程造价的人工、材料、机械使用费等要素的相对变化对工程造价的影响和变动幅度的指标，表明这一时期（报告期）比上一时期（基期）物价上升或下降的幅度，是工程造价动态的反映，是研究工程造价动态的一种工具。

工程造价指数分单项价格指数、类指数和综合造价指数。

　　单项价格指数分别反映不同时期建设工程中人工、各种材料、机械使用费等价格报告期与基期的比值。

　　类指数反映不同时期建设工程中各类材料等综合价格报告期与基期的比值。

　　综合造价指数是综合反映不同时期公路建设项目(含分项工程、单项工程)综合造价报告期与基期的比值。

　　单项指数、类指数的名称、包含内容、价格等单一,此类命名为价格指数;公路工程项目造价总指数、建安工程费指数包含的内容多、造价构成因素复杂、需加权计算,此类命名为造价指数。

　　工程造价指数是反映一定时期由于价格变化对工程造价影响程度的一种指标,是调整工程造价价差的依据。它反映了报告期与基期相比的价格变动趋势,是研究工程造价动态性的一种重要工具。它不仅能够较好地反映工程造价的变动趋势和变化幅度,而且可用以剔除价格水平变化对造价的影响,更加客观地反映建筑市场的供求关系和生产力发展水平。与物价指数、股市各种指数一样,工程造价指数是说明不同时期单项价格和综合价格的相对变化趋势和变化幅度的指标,是研究工程造价动态性的一种重要工具。

　　工程造价指数分为单项价格指数和综合造价指数。单项价格指数是反映不同时期建设工程施工中,人工、材料、施工机械及主要设备的报告期价格对基期价格的变化程度的指标,如人工价格指数、主要材料价格指数、施工机械台班价格指数、主要设备价格指数等,可用于研究主要单项价格的变化情况及趋势;综合造价指数是综合反映分部分项工程、单位工程、单项工程和各类建设项目因人工、材料、施工机械使用费等报告期价格对基期价格变化而影响其造价程度的指标,如分部分项工程造价指数、措施费造价指数、单位建筑安装工程造价指数等,它是研究造价总水平变动趋势和程度的主要依据。

　　根据工程造价指数的内涵及作用,可以将工程造价指数分为价格指数和成本指数。其中,价格指数包括投入品价格指数和建造价格指数(投标价格指数),投入品价格指数包括人工价格指数、材料价格指数和机械使用价格指数。投入品价格指数由人工、材料和机械使用价格指数构成,它从工料机各个角度单独反映价格的变动情况。建造成本指数是反映建筑工料机综合成本价格涨落的指数,是人工价格指数、材料价格指数和机械使用价格指数等基本指数乘以工料机在不同工程类型中的权重后综合而成的,即由工料机所组成的建造成本是承包商为建造一项工程所直接花费的代价,它们占建筑安装工程费用的 70% 以上。除此之外的管理和利税均可依次算出。而且由于这些费用的涨落与工料机价格大致相同，因此建造成本指数的变化可以很好地反映全部建安工程费用的变化。由于建筑产品的单件性，不同工程其投入品比重和工料机组合会有所不同，但用上述指数反映的每一类工程的工料机分指数和建造成本指数基本上反映了该类工程项目平均成本的变化，因此完全可以作为估价和价格调整的依据。

建造价格是承包商为业主建造一项工程所收取的费用，它除了建造成本外，还有利税成分。建造价格的高低不仅取决于按指导价计算出的建安工程费用，而且还受到市场竞争、供求变化的影响。最常见的建造价格指数是投标价格指数，这是由于业主付给承包商的建造费用大致取决于投标价。因此，投标价格指数可以在一定程度上反映建造价格的变化趋势。

由于建筑市场供求和价格水平发生经常性波动，使得建筑工程造价及其各组成部分处于不断变化中，加之，建筑产品单价性的特点，使不同时期的工程在"量"与"价"上失去可比性，同时给工程造价的确定和控制带来困难。由于指数具有反映不能直接相加总的由多种因素所组成的复杂现象在总体数量上的综合变动程度的特点，因此，将指数应用在工程造价管理中，编制工程造价指数可以帮助确定和控制工程造价。

编制正确的工程造价指数，不仅能较好地反映工程造价的变动趋势和程度，而且能够剔除价格水平变化对工程造价的影响，客观反映建筑市场的供求关系和生产力发展水平。

在工程造价管理过程中，工程造价指数的作用主要体现在如下几方面。

（1）利用工程造价指数分析价格变动趋势及其原因

由于指数具有反映社会经济现象数量变化幅度和趋势的作用，在工程造价管理中，通过工程造价单项价格指数可以分析建设市场各价格的变化趋势，通过单项价格指数分析计算单项价格变化对工程造价的影响程度，通过综合造价指数反映单项价格变化对各造价的影响情况，进而向相关部门提供可靠数据，分析建筑产业价格变化的原因并为国家制定相关调控措施提供一定依据。

（2）工程造价指数是工程承发包双方进行工程估价和价款结算的重要依据

工程建设项目中合同周期较长的项目，随着时间的推移，经常受到物价波动等多种因素的影响，为了解决合同双方因市场物价波动而承担的风险问题，双方通常签订可调价合同。而工程造价指数是进行工程造价调整的一种方式。工程造价指数是反映市场物价变化幅度的一种指标，它能为实现工程估价和工程价款动态结算提供必要条件，使可调价合同的签订更具有合理性和科学性。

在国际工程中，建设项目工程价款的动态结算一般采用指数调整法，在双方签订合同时就明确调值公式，并以此作为价差调整的计算依据。目前，在我国的广东省制定的地方施工合同示范文本中，也列举了调值公式进行价差调整。

反映市场价格变化幅度的工程造价指数，能为实现工程价款动态结算提供必要条件，使可调价合同的签订更具有合理性和科学性。

（3）工程造价指数为投标报价提供了参考

目前建筑市场上，特别是私人投资项目，基本上以合理低价中标。为了更准确地计算施工企业投标为可接收成本价，参考工程造价指数对投标定价有一定的作用。特别对于施工企业在外地投标，在不太熟悉当地的价格水平时，通过工程造价指数等信息对测算及定价有一定的帮助。

对于业主而言，特别是一些非建设领域的业主，如工业企业、教育文化单位等，在确定中标人时，可以依据工程造价指数等信息判定投标人的报价是否合理，避免"围标"或低于成本价中标等情况发生，影响整个工程的建设。

（4）工程造价指数是解决已建工程造价信息静态性的重要工具，在我国当前阶段，将具有代表性的工程造价资料和工程造价指数结合起来作为计价依据之一，可以适当解决已建工程造价信息的静态性问题，对建立适合我国建筑市场行情的工程造价管理模式具有可操作性和重要的现实意义。

（5）工程造价指数对于统计工作具有帮助作用。

工程造价指数是合理确定工程在某个时点造价的依据。通过对该工程进度完成情况及工程造价指数进行统计指标推算，为统计部门核算建筑业产值提供了有力的参考，特别在填报统计快报，以此做参考，更为方便、快捷、较接近实际造价。

2.3.2　公路工程造价指数体系

一个指数只能说明某一方面的问题，实际工作中需要将多个指数结合起来运用，这就要求建立相应的指数体系。指数体系有广义的指数体系和狭义的指数体系两种含义，广义的指数体系类似于指标体系的概念，泛指由若干个内容上相互关联的统计指数所构成的体系，根据考察问题的需要，构成这种体系的指数可多可少；狭义的指数体系仅指几个指数之间在一定的经济联系基础上所结成的较为严密的数量关系式，其最为典型的表现形式就是一个总值指数等于若干个（两个或两个以上)因素指数的乘积。指数体系都是建立在有关指数化指标之间的经济联系基础之上的。因而它们具有非常实际的经济分析意义。指数体系的分析作用主要有两个方面：一是进行"因素分析"，即分析现象的总变动中各有关因素的影响程度；二是进行"指数推算"，即根据已知的指数推算未知的指数。

为使公路工程造价指数体系的构成合理和系统，适应公路工程建设和管理的需要，有必要建立公路工程造价指数体系及指数指标。根据现行《公路工程技术标准》、公路工程造价的费用构成要素，参照统计部门建筑业固定资产投资价格指数、建筑安装工程价格指数，结合公路工程的特点及应用层面制定。

公路工程技术等级不同、地形条件不同，其结构和造型也不同，任意两个公路工程项目都是不可能完全一致的，公路工程不可能像其他许多可以量产(标准化的品种、质量、规格)的产品那样成批量生产和定价，所以公路工程项目具有单件性的特点。一个公路建设项目通常是一个单项工程(有独立设计文件、建成后能独立发挥效益)，有时也由若干个单项工程组成，每个单项工程可分解为路基工程、路面工程、桥梁工程、隧道工程等单位工程；其中每个单位工程又可由若干个分项工程组成，如桥梁工程可分解为基础工程、下部构造、上部构造等项，每个分项又可以分解至工法、材料或规格等，任何公路工程项目都可以分解为人工费、材料费、机械使用费等详细的费用。

基于公路工程项目划分的特点和项目费用组成的现状，结合新疆公路工程造价管理局开展的"新疆公路工程造价指数研究"成果，公路工程造价指数体系如下。

公路工程造价指数分三级，第一级为公路工程综合造价总指数，包括按公路等级划分的高速、一级、二级、三级、四级等各等级公路工程造价指数；第二级按公路费用项目划分为公路工程建筑安装工程造价指数、设备工器具造价指数、工程建设其他费用指数，建筑安装工程造价指数包括路基、路面、桥涵、隧道、安全设施等工程造价指数，地形条件和工程类别的差异表现在路基、路面、桥涵、隧道等分项工程上，其下可以细分平原微丘区、山岭重丘区、各种路面、各种桥隧等，设备工器具造价指数包括通信、监控、收费、供配电、照明、养护等设备的价格指数，工程建设其他费用造价指数包括征地、拆迁、项目管理、前期工作费等价格指数；第三级为公路工程人工、材料、机械设备等价格指数。该指数体系如图 2.1 所示。

公路工程造价不再划分为路线工程项目、独立特大桥梁项目、隧道工程项

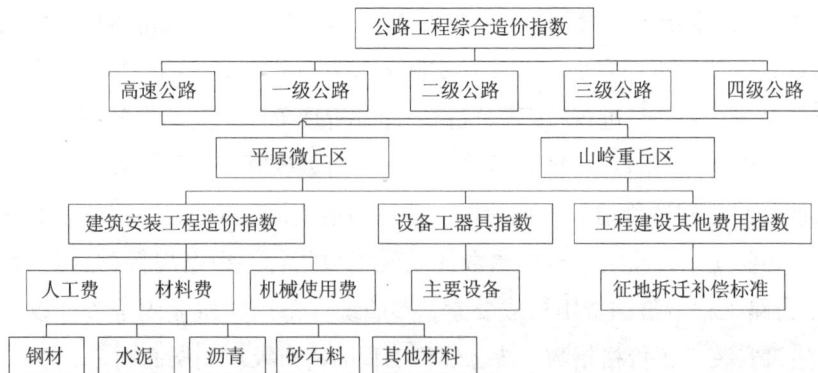

图 2.1   指数体系

目，只表述为公路工程项目；对于同等级的公路工程项目而言，平原微丘区、山岭重丘区等地形条件不同，其单位造价的差异性主要表现在路基、桥涵和隧道工程上。同时，高速公路目前仅限于 4 车道，未对 6 车道、8 车道高速公路进行数据分析；同理，6 车道、8 车道高速公路，其单位造价的差异性主要表现在路基、路面、桥涵和隧道工程上，可以按车道数进行划分。

所有附有时间属性的价格或造价都可以以某种形式生成相应的指数，考虑到所生成指数的实用性及数据采集的容易性，主要分析要素价格指数和综合造价指数。

（1）要素价格指数

要素价格指数，也称为投入品价格指数。在建设过程中，人工、材料、机械是构成一个项目的主要要素，各要素费用总和构成工程造价的主要部分，要素价格的波动会引起公路工程造价的相应波动，此外，在工程量清单计价模型下，综合单价的内容包括完成工程量清单中一个规定计量单位的项目所需的人工费、材料费、机械使用费、综合管理费用，并考虑风险因素。因此，通过编制投入品价格指数，对工程建设中人工、材料和机械使用价格变动的研究，对提高工程造价管理具有基础性的作用。

由人工、材料和机械台班使用价格得到的指数属于个体指数，即单项价格指数，是造价指数系列中最重要和基础的指数之一。

①人工价格指数。

建筑行业是劳动密集型和资金密集型的行业之一，在工程建设过程中凝结了大量的人的活劳动。在发达国家，建筑人工费占建筑成本的 50% ~ 60%。由于目前我国的人工工资水平较低，加之，建筑工程大量采用农民工，建筑人工费相对较低，人工费一般占建筑成本的 20%～30%。但随着我国经济的发展，工资水平上涨，建筑人工费用将会上涨，在建筑成本中所占比例会扩大。因此，人工价格指数作为一种动态的市场信息是必不可少的。

人工价格指数分为主要实物工程量人工价格指数、人工工种单项价格指数和人工费价格指数，其中实物工程量人工价格指数是反映完成单位实物工程量人工价格的变动情况；人工工种单项价格指数反映各类主要工种人工单价水平的波动情况；人工费价格指数是反映某种类型工程项目人工费总体变动的指标。

②材料价格指数。

材料费是工程造价的一个重要组成部分，尤其是在目前我国建筑业人工费占整个工程造价比例与国外相比严重偏低的情况下更是如此。一般情况下，国内建筑材料费占建筑成本 50%～60%，而发达国家，建筑材料费占建筑成本的 30% 左右。材料价格对建设工程造价的影响很大，国内各省市都将材料价格指数作为重点研究和发布的对象。

近年来，由于建筑材料价格波动比较大，无论是政府管理部门还是工程承发包双方都对工程材料价格进行密切关注。因此，建立材料价格指数，了解材料价格变动程度和趋势，对工程建设的各方参与人的决策，政府的宏观调控和工程造价的确定，都有非常积极的作用。

材料价格指数分主要材料价格指数和材料费价格指数。主要材料价格指数指选取建设过程中用量较大且对造价影响程度较大的几种主要材料分别编制单项材料价格指数，是对单种材料价格波动的反映。材料费价格指数是对建设工程材料费的综合波动的反映。

材料价格指数具体计算方法与人工价格指数类似。需要注意的是，人工价格和各主要工种所占的比重在短期内相对比较稳定，而对于材料价格来说，尽管各主要材料在工程中的比重在一定时期内处于比较稳定的水平，但是材料价格的波动却比较频繁，而且波动范围相对较大。因此，及时更新材料价格信息和权重以便生成的指数具有一定的实效性，才能发挥指数的优点。

③机械台班价格指数。

随着科技的发展，施工机械不断改进，建筑业的机械化作业程度日趋提高，所以，编制机械台班价格指数，反映市场施工机械的价格波动，对完善工程造价管理具有积极意义。

由于机械使用费在工程造价中所占的比例远不如人工、材料费大，工程机械使用台班单价相对稳定，加之，工程机械的类型、规格不同的住宅项目差异性很大。因此，形成机械台班价格指数在实际操作中有比较大的难度，实际应用价值不大。参考中国香港地区和英国的经验，不考虑单独的机械台班价格指数。

（2）综合造价指数

目前，以国有资金投资或国有资金投资为主的工程建设项目必须全部使用工程量清单计价模式，鉴于良好的适用性，许多非国有资金投资的工程建设项目也逐渐采用工程量清单计价模式。采用工程量清单计价，建设工程造价由分部分项工程费、措施项目费、其他项目费、规费和税金组成。

综合造价指数具有广泛的使用价值和指导意义，在国内外工程造价管理领域都占据非常重要的地位，尤其是推行工程造价动态管理以来，综合造价指数的作用越来越重要。相对完整的工程量清单价格指数体系包括分部分项工程造价指数、单位工程造价指数、单项工程造价指数。其中，分部分项工程造价指数可以作为投标、设计概算和投资估算的参考，单位工程造价指数可以为工程快速估价提供参考，单项工程造价指数则可以为项目投资决策提供参考。

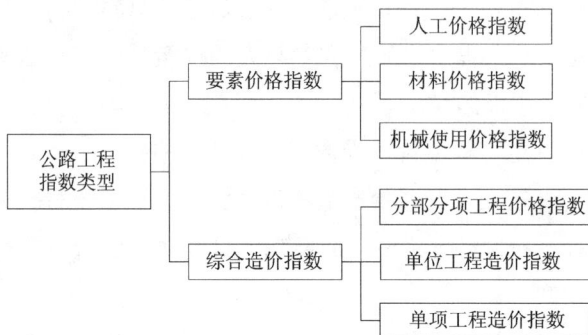

图 2.2　公路工程指数类型

材料价格指数作为工程造价指数体系中的组成部分，主要有以下方面的特征：

①编制对象的地域性，不同省市在编制材料价格指数体系的过程当中，都会考虑将在本省市的工程建设中占据相当比重的建设工程作为指数体系的主要编制对象，以便增强其对本地区材料价格管理的指导性。

②分类标准的多样性，不同省市在编制价格指数体系时，分类标准也会不一

样,有的根据指数的用途来划分,有的根据指数的层次来划分。

③编制内容的差异性,不同地方编制相同的指数,其包含的内容会有差异,比如同样是材料费价格指数,但所包含材料的数量不同。

同时,与国外材料费用占工程成本30%左右的比例不同,我国公路工程建设中,材料费用占据工程成本至少50%以上,部分工程甚至高达70%。随着近年来材料价格波动,公路工程材料价差调整面临很大挑战,建立材料价格指数体系,利用这一相对宏观的造价指标对全省公路工程材料价差调整有利于实现工程造价的动态管理,扭转造价管理部门当前在材料价差调整工作中的被动局面。

据各公路工程建设市场参与主体的需求,提出确定公路工程材料价格指数的四个原则。

(1)一致性原则

公路工程材料价格指数研究范围应与我国现行造价规范、造价政策法规一致。公路工程材料价格指数的编制类型应该与工程量清单计价规范一致;由于造价的地域性特点,造价应该符合国家、地方统计方面的有关规定。

(2)稳定性原则

造价指数类型的确定必须以最根本的指数分类作为基础和标准,并结合各级工程造价管理主体及各造价指数使用对象对造价指数的使用要求综合进行确定,在一定的周期内保持造价指数体系的稳定,尽量避免指数类型的频繁更换。

(3)可拓展性原则

工程造价指数的编制作为工程造价管理的一部分内容,是随着工程造价管理制度不断发展完善的,构建的造价指数体系应有较好的灵活性,能够对指数体系中某些指数的名称、内容、编制方法进行扩充拓展,以满足后期发展的需要。

(4)实用性原则

编制的造价指数应满足各级工程造价管理主体及使用者的实际需求状况,使编制的工程造价指数具有较强的实用性,能够改善目前工程造价管理现状,提高造价管理水平,如政府调控部门能够通过造价指数把握建筑市场的价格波动状况,有针对性地制定相应的调控政策,投资机构通过造价指数判断未来的市场走向,做好投资估算,施工单位通过造价指数更为合理地进行投标报价。

2.3.3 公路工程造价指数数学模型

1.省区(市)年公路工程造价总指数

年度公路工程造价总指数计算模型为:

$$J_K^z = W_K^g \cdot I_K^g + W_K^1 \cdot I_K^1 + W_K^2 \cdot I_K^2 + W_K^3 \cdot I_K^3 + W_K^4 \cdot I_K^4$$

式中:J_K^z 为年度公路工程造价总指数。

W_K^g、W_K^1、W_K^2、W_K^3、W_K^4 分别为高速公路、一级公路、二级公路、三级公路、四级公路年度投资占年度公路建设项目总投资的比重,对于某年度 K 的公路工程有:

$$W_K^g + W_K^1 + W_K^2 + W_K^3 + W_K^4 = 1$$

I_K^g、I_K^1、I_K^2、I_K^3、I_K^4 分别为高速公路、一级公路、二级公路、三级公路、四级公路的造价指数。

2.各等级公路工程造价总指数

各等级公路工程造价总指数计算模型为:

$$I_K^C = W_K^B \cdot I_K^B + W_K^T \cdot I_K^T + W_K^L \cdot I_K^L$$

式中:I_K^C 为各等级公路工程造价总指数,包括高速公路、一级公路、二级公路、三级公路、四级公路。

W_K^B、W_K^T、W_K^L 分别为各等级公路工程建筑安装工程费、设备工器具购置费和工程建设其他费用在各类工程造价中所占的比重,对于某等级公路工程,$W_K^B + W_K^T + W_K^L = 1$ W_K^B、W_K^T、W_K^L 的具体数值可以根据项目基本特征,参照各省区(市)各等级公路分部分项工程费用权数确定。

I_K^B、I_K^T、I_K^L 分别为各等级公路工程建筑安装工程费、设备工器具购置费和工程建设其他费用的造价指数。

(1)公路建筑安装工程造价指数

计算模型为

$$I_K^B = W_K^R \cdot I_K^R + W_K^M \cdot I_K^M + W_K^E \cdot I_K^E + Wg$$

式中:W_K^R、W_K^M、W_K^E 分别为人工、材料和机械费用在建安工程费中所占的比重,Wg 为其他直接费、间接费、利税在建安工程费中所占的比重,对于期间 K 的某类工程,$W_K^R + W_K^M + W_K^E + Wg = 1$;$I_K^R$、$I_K^M$、$I_K^E$ 为分别为人工、材料和机械费用的类指数。

（2）设备工器具价格指数

计算模型为

$$I_K^T = \sum_{i=1}^{s} W_{ik}^T \times \frac{p_{ik}^T}{p_{io}^T} \times 100 = \sum_{i=1}^{s} \left(\frac{M_{ik}^T \times p_{io}^T}{\sum\limits_{i=1}^{s} M_{io}^T \times p_{io}^T} \right) \times \frac{p_{ik}^T}{p_{io}^T} \times 100$$

式中：I_K^T 为相对于基期 O 的计算期 K 某类工程的设备工器具价格指数；W_{ik}^T 为第 i 种设备在基期的比重，对同一类工程 $\sum\limits_{i=1}^{s} W_{ik}^T = 1$；$M_{ik}^T$ 为第 i 种设备在基期的数量；s 为主设备种类；p_{io}^T、p_{ik}^T 分别为第 i 种设备在基期 O 和期间 K 的单价。

（3）工程建设其他费价格指数

计算模式为

$$I_K^L = \frac{p_K^L}{p_o^L} \times 100$$

式中：I_K^L 为相对于基期 O 的计算期 K 某类工程的工程建设其他费价格指数；p_K^L 为期间 K 每万元投资支出中其他费用；p_o^L 为期间 K 每万元投资支出中其他费用。

2.3.4 公路工程材料价格指数

公路工程材料价格指数是反映一定时期公路工程建设中材料价格变化幅度的一种指标。报告期与基期相比，价格变动情况可以通过材料价格指数反映出来，在对公路工程材料价格的动态性进行分析研究时，材料价格指数可以作为一种非常重要的研究工具。公路工程材料价格指数可以综合地反映出公路工程材料价格的变动情况，并且在实际应用中，可以利用材料价格指数将由价格水平变化给工程材料价格造成的不良后果消除掉，从而更加客观地反映出工程建设市场中的材料价格动态平衡关系。

①公路工程材料价格指数可以用来分析公路建设材料市场的价格变动情况和原因。利用单项价格指数可以分析公路工程建设市场各种材料价格的变动趋势，利用综合造价指数可以分析公路工程建设中各种单项价格材料变动对工程项目材料价格的影响程度，从而获得相关数据，为相关部门分析公路行业材料价格波动的原因以及制定相关调控措施提供参考依据。

②公路工程材料价格指数是工程承发包双方进行工程估价和价款结算的重要

依据。对于规模较小,建设周期较短(1年内)的工程项目,一般采用固定价合同;对于规模较大,建设周期较长(1年以上)的工程项目,在合同期内受市场材料价格波动的影响较大,容易产生造价风险,为了兼顾合同双方的利益,一般采用可调价合同。公路工程材料价格指数对工程估价和工程价款动态结算有非常重要的作用。在欧美国家,建设项目工程价款动态结算通常采用指数调整法,合同双方在可调价合同订立之初会明确调值公式,以便进行价差调整时有据可循。

③公路工程材料价格指数为投标报价提供了参考。在建设行业中,私人投资的建设工程基本上采用合理低价法来确定中标候选人。施工企业为了让投标报价更贴近可接收成本价,适当地利用工程材料价格指数是非常必要的。尤其异地竞价,在不熟悉竞标当地价格水平的情况下,测算和定价时参考当地工程材料价格指数不失为一良策。对于非建设领域的业主,在判断竞标人投标价格合理性(投标价低于成本价)、合法性(围标)时,可将工程材料价格指数作为判定参考依据。

④公路工程材料价格指数是解决已完工程造价静态性的重要工具。可以采用典型公路工程的材料价格资料与材料价格指数相结合的方式用来作为一种计价依据,有利于解决已完工程材料价格信息非动态性问题。

⑤公路工程材料价格指数可以辅助统计工作的顺利开展。利用材料价格指数可方便获取建设项目在某一时期的材料价格。通过该工程进度完成情况及工程材料价格指数进行统计指标推算,为统计部门核算建筑业产值提供有力参考。

材料价格指数指报告期材料的综合价格相对于基期的变化幅度,例如2016年3月钢材价格指数为110,意味着2016年3月钢材综合价格相当于基期(例如2015年1月)的110%,也就是上涨了10%。

第 3 章　指数编制基础理论

3.1　指数编制原则

工程造价资料是测算工程造价指数的重要依据，基础资料的采集和处理的质量直接关系造价指数的准确性、及时性和适用性。造价资料的信息纷繁复杂，收集时应遵循以下原则，以保证收集到高质量的造价资料。

①首先是资料的数量。样本的数量越大，越有利于测算出准确的统计值。当前基本建设投资不断增加，大量的建设工程产生了大量的工程造价资料，所以，应尽量扩宽资料收集的渠道。

②其次是资料的质量。由于编制造价指数的目的是考察工程造价的社会真实水平，而非预算编制水平，所以，应尽量收集已经完工的工程造价资料。在收集过程中，须辨别其真伪，保证收集资料的高质量，以使其准确地反映客观实际情况。

此外，在收集某一类造价资料时，应注意选择具有一定代表性的、典型的造价资料。

从广义上来说，所有对确定和控制工程造价起作用的资料，例如各种定额资料、规范标准、政策文件等，都是我们需要认真采集和分析的，但最具基础性、反映市场真实状况，且在工程造价的市场机制中具有重要作用的造价资料主要包括要素价格信息、已完工程造价资料。本项目主要对这两种造价资料的具体收集工作进行研究。

材料价格信息的采集一方面是为编制材料价格指数提供依据，另一方面是为确定和控制工程造价提供依据，所以，材料价格信息采集范围应尽量包含所有的材料。但材料种类繁多，规格千差万别，采集所有的材料难度较大，实用操作性差。因此就涉及材料价格信息采集范围的问题。

英国将材料价格信息的采集范围分为骨料、水泥和混凝土、黏土制品、原木和木制品、金属制品、塑料制品、其他建筑材料共七大项，每一大项目分为具体小项，共四十三个小项。采集范围大到混凝土构件，小至螺丝钉，几乎包含全部的建筑材料，这跟英国长时期资料的积累和指数编制的成熟经验有关。

由于国内经济条件及经验原因，很多地区材料价格信息采集的范围详略不一，各地对建筑三大主材的选择上都尽量考虑。总体上讲，这与我国的实际情况和各地的特点有直接关系。

一般情况下，编制一个指数需要考虑四个基本要素：代表规格品、权数、基期和计算公式。这四个要素的选择将直接影响到指数功能的发挥。

3.1.1　代表规格品的选择

指数的编制始于物价指数的编制，在编制物价指数时，不是全部的商品都需要统计，往往选择市场上具有代表性的若干种类的商品作为统计对象，这些具有市场代表性的商品就是代表规格品。

随着指数从最初单单反映物价拓展到反映整个经济社会领域，代表规格品的范围已不再仅仅指具有市场代表性的产品。代表规格品的本质就是为了反映研究对象总体某一属性的综合动态演变，而从总体中挑选出的具有代表性的样本。所以，在编制商品住宅价格指数时，代表规格品就是具有代表性的商品住宅；在编制建设工程材料价格指数时，代表规格品就是具有代表性的材料。

代表规格品的选择需要遵照以下几个原则：

①根据指数的编制目的，有针对性地选择代表规格品。

②在选择代表规格品前，还需要对研究对象进行分析，根据编制各种类型指数的需要，对代表规格品的类型进行不同层次的划分，针对不同的代表规格品采用不同的方法进行选择。

③要遵循统一的选择标准。指数编制的目的限定了代表规格品的选择范围，同时结合研究对象的特性，统一代表规格品的选择标准。

④必须保证足够的统计数量，指数的编制质量往往与代表规格品的数量成正比，在满足标准的情况下，数量越多，编制的指数质量越高。

⑤一方面，选择的代表规格品种类要具有一定的稳定性，避免指数编制模型的频繁变动，另一方面，需要根据研究对象的发展变化，适时地对代表规格品的种类进行调整，剔除代表性差的，补入新的代表规格品。

3.1.2　权数的选择

权数也称为权重，是权衡各项代表规格品指数化因素的变动对总指数变动影响程度的指标，是利用加权指数法测算指数时必须考虑的重要因素：在加权平均指数法中，权数仅起权衡轻重的作用；在加权综合指数法中，权数和同度量因素是统一的，还具有将不能直接相加的代表规格品的指数化因素过渡到可相加的媒介作用。因此权数选择对指数编制的准确性、科学性有重要影响。

在指数编制的实践过程中，选择权数时有以下几点：

①权数的内容应该与编制指数所研究的目的关联。权数内容的选择如果与指数编制目的脱节，编制的结果将没有意义。

②权数的形式要取决于客观具备的资料条件，尽量以已获取的资料进行分析得到。

③权数的时期要考虑到计算结果的实际意义。

3.1.3　基期的选择

指数是衡量事物某一特性报告期与基期相比变化幅度的指标，基期选择的合理与否会影响指数间的比较。指数的基期和权数的时期是有区别的：权数的时期指计算指数时权数资料所属时期，而指数的基期同权数的基期可以保持一致，也可以不同。

指数基期的选择应考虑以下几点：

①基期的选择要依据指数的研究对象和编制目的确定，例如，为研究对象的连续变化，以报告期的上一期作为基期，计算环比指数；若为研究对象变动的长期趋势，可以固定选择某一时期作为基期，计算定基指数。

②基期时距的确定要结合研究对象的稳定状况，若波动相对稳定，基期时距可以稍微长些，若波动较为剧烈，基期时距的选择就应该短些，在实际应用中，也可以选择某一时间段作为基期，以该时间段的平均值作为基期取值。

③在观察研究对象的长期变动趋势和规律时，要以研究对象比较稳定的时期为基础，例如，若以波动的峰点作为基期，后续的指数数值会呈现下降趋势，此

外，还应该在固定周期内对基期进行更换调整。

3.1.4　计算公式的选择

指数编制有多种方法，如何选择合理的计算公式，使编制的指数保持最理想的质量，就成为指数编制的基本问题。

根据国内外指数编制实践的经验，关于计算公式的选择有以下几点：

①应以加权指数公式为基本形式。加权指数公式能够结合代表规格品的重要地位，优于孤立研究指数化因素变化的简单指数法。

②应以有关资料占有情况为基础。在选择指数编制公式时，应考虑指数具体占有资料的情况，占有的资料越多越详细，其编制公式的选择范围就越大。

③应力求使计算的结果具有充分的经济意义。在具有同一资料的条件下，选择任何一种计算公式，它的计算结果，无论是指数还是影响力，都应保证充分的经济意义。在具有不同资料的条件下，正确合理使用所选择的公式，以保证计算结果的最佳效果。

3.2　指数编制方法分析

3.2.1　指数编制方法

由于指数反映的对象差别较大，统计数据的取得的难易不同，不同的指数的生成模型存在差异。通常按照个体指数和总指数的分类进行指数的生成模型的选择。

（1）个体指数的编制方法

个体指数反映单一事物的变化，比较容易生成，通常将两个同一经济内容的指标相对比即可。如果将两个同一经济内容的数量指标相对比即为数量指标单项指数，将两个同一经济内容的质量指标相对比即为质量指标单项指数。

（2）总指数的编制方法

对于总指数，其反映多种事物和现象的综合变动情况，指数编制方法较多。主要分为简单指数法和加权指数法，其中加权指数法又可细分为加权综合指数法和加权平均数指数法。

　　个体指数反映单一事物的变化状态，编制方法比较简单，可以视为总体指数的特例。从构造形式来看，总指数编制方法大体可分为三种：简单指数法、加权综合指数法和加权平均指数法。

　　下述分析对所用符号进行约定：I 表示价格指数，p 表示价格，q 表示数量，下标 0 表示基期取值，下标 1 表示报告期取值，n 表示个体指数的个数。

　　（1）简单指数法

　　简单指数法是指不考虑所反映对象各自不同的重要性和影响力，单独研究其某一特性变化的方法，如只是研究价格的变化，研究的这一特性称为指数化因素。该方法实质也就是编制总指数时不用权数。简单指数法的主要表现形式有五种：简单综合法、简单算术平均法、简单调和平均法、简单几何平均法、简单中数法、简单众数法。

　　①简单综合法。

　　简单综合法，是将指数化因素报告期的取值加总，与其基期的取值加总进行对比。美国的道琼斯指数就是以此方法进行编制。简单综合法价格指数编制公式如下：

$$I = \frac{\sum p_1}{\sum p_0}$$

　　运用该方法计算的结果会受到计量单位的影响，例如计量单位不统一等，即使计量单位相同，由于各个对象的价格不同，计算结果受价格高的影响较大，而价格低的对象对指数计算结果影响较小。

　　②简单算术平均法。

　　简单算术平均法是个体指数之和的简单算术平均，其计算公式为：

$$I = \frac{1}{n} \frac{\sum p_1}{\sum p_0}$$

　　简单算术平均法以相对指标为计算基础，克服了简单综合法中的计量单位等问题，是将各个指标的权数视为 1 的条件下计算的。

　　③简单调和平均法。

　　简单调和平均法是对各个体指数计算调和平均数，例如，简单调和平均法的物价指数计算公式为：

$$I = \cfrac{1}{\cfrac{1}{n}\sum \cfrac{1}{\cfrac{p_1}{p_0}}} = \cfrac{n}{\sum \cfrac{p_0}{p_1}}$$

由于该方法中个体指数的倒数在经济寓意上不易解释,在实践上很少使用。

④简单几何平均法。

简单几何平均法就是对个体指数计算简单几何平均数,例如简单几何平均法的物价指数计算公式为:

$$I = \sqrt[n]{\varPi \frac{p_1}{p_0}}$$

一般在相同资料前提下,运用该方法计算得到的数值介于前两种方法所得数值之间,虽然计算过程稍显烦琐,但还是得到部分学者认可。

⑤简单中数法。

简单中数法是指将指数化因素个体指数数列中的中位数作为总指数的方法,例如简单中数法的物价指数计算公式为:

$$I = \left(\frac{p_1}{p_0} \right)_{\frac{n+1}{2}}$$

⑥简单众数法。

简单众数法是选取指数化因素个体指数数列中的众数作为总指数的方法,其计算公式为:

$$I = \left(\frac{p_1}{p_0} \right)_{M_0}$$

式中: M_0 表示众数。在个体指数项数较少时,运用以上两种方法计算的指数往往与平均法计算的指数数值相差较大,缺乏代表性,有些情况下甚至无法产生众数;在个体指数项数较多的情况下,简单中数法计算的数值受数列中间项数值影响,稳定性差;此外,指数的平均性、灵敏性较差。因此,简单中数法和简单众数法在指数编制实践中很少使用。

(2)加权综合指数法

在统计学中,一般把相乘后使不能直接相加的指标过渡到可以直接相加的指标的那个因素,称为同度量因素。综合指数法是将不同度量的诸经济变量通过同度量因素转化成可相加的总量指标,然后将总量指标对比得到相对数,以此相对数来反映复杂现象量综合变动的一种指数编制方法。

目前，在指数编制实践中广泛采用的综合指数主要是拉斯贝尔指数(简称拉氏指数)和派许指数(简称派氏指数)。

拉氏指数由德国经济学家拉斯贝尔于 1871 年在价格指数的研究中提出，该方法以基期消费数量作为权数，计算消费价值总和比值，从而得到价格总指数，其公式为：

$$I_L = \frac{\sum p_1 q_0}{\sum p_0 q_0}$$

派氏指数由德国统计学家派许于 1874 年提出，他认为以报告期消费数量作为权数进行价值指数的计算更为合理，其公式为：

$$I_P = \frac{\sum p_1 q_1}{\sum p_0 q_1}$$

两种指数编制方法在理论上并无优劣之分，主要的差别是同度量因素的时期选择。

(3)加权平均数指数法

加权平均数指数法是编制总指数的另一种方法。在运用综合指数法编制总指数，无论选择哪一种同度量因素，当把不同度量的变量转化为可以相加的价值总量指标时，指数公式中，分子或分母都存在一种假定，如果研究的对象种类很多时，取得两个时期的指标取值及其权重是相当烦琐的，实际应用较为困难。因此，编制总指数经常采用另一种形式：平均数指数。该方法首先依据调查统计的样本资料测算单个样本的个体指数，然后根据统计资料分析各样本的权重，依据样本个体指数和相应权重平均计算总指数。根据平均方式的不同，分为加权算术指数法和加权调和平均数法。

①加权算术平均数指数。

该方法以对样本个体指数进行加权算术平均的方式计算，从而得到总指数，常用于计算物量指数，也可用于计算物价指数。以物量指数为例，计算公式为：

$$I = \frac{\sum k_q p_0 q_0}{\sum p_0 q_0} = \sum k_q \frac{p_0 q_0}{\sum p_0 q_0}$$

式中：k_q 为个体物量指数 q_1 / q_0。该指数的权数就是基期各商品的价值在所有商品的价值中的比重。

②加权调和平均数指数。

该方法以通过对个体指数进行加权调和平均的方式进行计算，从而得到总指数，通常用于计算物价指数，计算公式为：

$$I = \frac{\sum p_1 q_1}{\sum \frac{1}{k_p} p_1 q_1} = \frac{1}{\sum \frac{1}{k_p} \frac{p_1 q_1}{\sum p_1 q_1}}$$

式中：k_p 为个体价格指数 p_1/p_0。该指数的权数是报告期各商品的价值在所有商品的价值中的比重。

3.2.2　指数编制方法比较分析

对以上各种指数编制公式进行简单比较，分析各种指数特点、优劣、适用条件，对价格指数的应用具有重要意义。

（1）简单指数法之间的比较

在简单指数法的六种子方法中，简单综合法是报告期价格总和与基期价格总和之比，是对所有价格进行的综合运算，而其他五种指数都是对个体价格指数进行的运算，因此，从经济解释方面来说，简单综合指数法相比其他五种方法更适用，但由于资料收集方面的局限性，对所有的价格信息进行统计，工作量大，操作难度较大。

简单算术平均法和简单几何平均法都是在个体指数基础上进行算术平均和几何平均，两种平均方式，哪种更为合理且更符合客观实际，往往需要结合指数所要反映的对象确定。一般情况下，几何平均适用于测算个体指数的比率平均变化，而算术平均适合测算个体指数实数的平均变化。

（2）加权指数法之间的比较

加权指数法之间不同之处主要是在权数的选择上。加权指数法当中，应用最多的是拉氏指数和派氏指数，从公式形式看，两者最大的区别是同度量因素时期的选择。

下面通过实例对拉氏指数和派氏指数计算公式的变形推导，研究两者的差异。假设第 i 个产品的价比为：

$$r_i = \frac{p_{i1}}{p_{i0}} \qquad i = 1, 2, 3, \ldots, n$$

第 i 个产品的支出份额比为：

$$S_i = \frac{p_t q_t}{\sum p_t q_t} \quad t = 0, 1$$

则拉氏指数可变形为：

$$I_L = \frac{\sum p_1 q_0}{\sum p_0 q_0} = \sum \left(\frac{p_1}{p_0}\right) s_0 = \sum r s_0$$

同理，派氏指数可变形为：

$$I_P = \frac{\sum p_1 q_0}{\sum p_0 q_0} = \left[\sum \left(\frac{p_1}{p_0}\right)^{-1} s_1 \right]^{-1} = \left[\sum r^{-1} s_1 \right]^{-1}$$

由公式可以看出，拉氏指数可以看作价比的加权算术平均，权数为基期产品的支出份额；派氏指数可以看作是价比的加权调和平均，权数为报告期产品的支出额。

其实，两种指数都存在一个假设前提：同度量因素在基期或报告期。这是与实际不相符的，因此编制的指数都带有近似的性质，这也是指数方法的局限性。在指数编制实践中，往往需要根据不同的研究对象、目的及资料获取的难易程度综合考量，然后选择相应的计算公式。从一般的经验来看，人们常用拉斯贝尔指数作为编制物量指数的基本公式，而在编制价格指数时，往往选择派氏指数作为基本计算公式。

(3)简单指数与加权指数之间的比较。

与简单指数法中平等看待各个项目的做法不同，加权指数法根据各个项目的重要性，赋予相应的权数，两者最大的区别在于是否考虑权数。从经济意义上看，用权数比不用权数更能说明公式的合理性，也更符合社会实际。其实，指数编制方法从不加权发展到加权，也是一个不断完善进步的过程。

3.3 指数编制模型

3.3.1 指数编制

指数作为一种对比性的指标具有相对数的形式，表明现象在时间上的变动情况，是对有关现象进行比较分析的一种相对比率，通常表现为百分数。若把作为对比基准的水平(基数)视为100,则所要考察的现象水平相当于基数的多少。

(1)动态相对数法

适用于个体价格指数的编制,即将计算期与基期的价格直接对比。

(2)简单(不加权)指数法、加权综合指数法

总指数的编制方式有两种:一种是"先综合,后对比"的方式来编制,得到"综合指数",即综合指数就是将指数化指标加总之后进行对比的结果,也称为加权指数;另一种是"先对比,后平均"的方式来编制,得到"平均指数",即平均指数是对个体指数进行平均的结果,也称为简单指数。简单指数存在若干不足,加权指数一般优于简单指数。加权总指数的核心问题是"权数"问题。

加权总指数有两种形式:拉氏指数是将同度量因素固定在基期水平上,故又称为"基期加权综合指数";帕氏指数是将同度量因素固定在计算期水平上,故又称为"计算期加权综合指数"。

3.3.2 价格指数编制模型

表3.1 常用价格指数计算公式

年份	经济学家	计算公式	公式描述
1707 1823 1833	Fleetwod Lowe Scrope	$P = \dfrac{\sum p_1 q}{\sum p_0 q}$	用某一固定数量 P 做权数计算加权算术平均
1738	Dutot	$P_D = \dfrac{\frac{1}{n}\sum p_1}{\frac{1}{n}\sum p_0} = \dfrac{\sum p_1}{\sum p_0}$ $P_D = \dfrac{\frac{1}{n}\sum p_1}{\frac{1}{n}\sum p_0} = \dfrac{\sum p_1}{\sum p_0}$	报告期与基期平均价格之比
1764	Carli	$P_C = \dfrac{1}{n}\dfrac{\sum p_1}{\sum p_0}$	个体价格指数的简单算术平均

续表 3.1

年份	经济学家	计算公式	公式描述
1812	Young	$P_r = \sum s_b \dfrac{p_1}{p_0}$ $S_b = \dfrac{p_b q_b}{\sum p_b q_b}$	以某一固定时期支出额为权数的个体价格指数的加权算术平均
1863	Jevons	$P_J = \left(\varPi \dfrac{p_1}{p_0} \right)^{y_n}$	个体价格指数的简单几何平均
1871	Drobish	$P_{Dr} = \dfrac{p_1 q_1 / \sum q_1}{p_0 q_0 / \sum q_0}$	报告期与基期单位价值之比
1871	Laspeyres	$P_L = \dfrac{\sum p_1 q_0}{\sum p_0 q_0}$	以基期为权数的加权算术平均
1874	Paasche	$P_p = \dfrac{\sum p_1 q_1}{\sum p_0 q_1}$	以报告期为权数的加权算术平均
1871 1883 1901	Drobish Sidgwick Bowley	$P_{D,S,B} = \dfrac{P_L + P_P}{2}$	以拉氏和派氏价格指数的简单算数平均
1887	Edgeworth Marshall	$P_{M,E} = \dfrac{\sum p_1 * \dfrac{q_0 + q_1}{2}}{\sum p_0 * \dfrac{q_0 + q_1}{2}}$	以基期与报告期的算数平均数为权数的加权算术平均
1899 1922 1932	Bowley Fisher Pigou	$P_F = \sqrt{P_L P_P}$	以拉氏和派氏价格指数的简单几何平均
1901	Waish	$P_W = \dfrac{\sum p_1 \sqrt{q_0 q_1}}{\sum p_0 \sqrt{q_0 q_1}}$	以基期与报告期的算数平均数为权数的加权算术平均
1936 1967	Tomqvist Theil	$P_T = \varPi \left(\dfrac{p_1}{p_0} \right)^{(x_0 + x_1)/2}$ 其中，$S_t = \dfrac{p_t q_t}{\sum p_t q_t}$	以基期和报告期支出份额的算术平均数为权数的个体价格指数的加权几何平均

从实用性角度考虑，目前国际上较为通用的计算价格指数编制模型主要有拉氏价格指数公式、帕氏价格指数公式和费雪价格指数公式，其他公式主要是在这些公式的基础上变形得来。

(1)拉氏价格指数

拉氏价格指数是 1871 年由德国经济学家 E. laspeyres 首创，以基期数量为基础计算的一种价格指数。

(2)帕氏价格指数

帕氏价格指数是 1874 年由德国经济学家 H. Passche 首创，以报告期数量为基础计算的一种价格指数，也被称为派氏价格指数。

(3)费雪价格指数

针对拉氏指数和帕氏指数存在的偏误问题，Fisher（1921）提出了费雪理想指数公式，即拉氏指数与帕氏指数的几何平均数。

但是由于费雪指数计算需要基期和计算期的数据，有时资料难以获得，而且费雪指数的经济意义不如帕氏指数和拉氏指数明确，因此，目前通用的很多指数，如股票价格指数、消费者价格指数，都采用拉氏公式或帕氏公式计算得到。三种最具有代表性的价格指数公式总结如表 3.2 所示。

具体国内应用的价格指数计算模型很多，常见的有居民消费者物价指数、生产者物价指数、采购经纪人指数等，与公路工程材料价格指数相近的指数有工业品出厂价格指数、房屋建筑工程材料价格指数等，在研究过程中，会针对公路工程材料特点，结合其他行业成熟是指数模型，优化选择或组合选择模型建立公路工程材料价格指数计算模型。现有工业品出厂价格指数、房屋建筑工程材料价格指数具体计算如下。

表 3.2 三种代表性指数公式及其特点

指数名称	计算公式	评价
拉氏价格指数	$P_L = \sum_{i=1}^{n} p_{it} q_{i0} \Big/ \sum_{i=1}^{n} p_{i0} q_{i0}$	优点：资料易获得，计算较帕氏方便，能反映相对于基期长期连续的变化 缺点：如时间过长，则脱离实际，难以反映报告期的权数结构变动

续表3.2

指数名称	计算公式	评价
帕氏价格指数	$$P_P = \sum_{i=1}^{n} p_{it}q_{it} \Big/ \sum_{i=1}^{n} p_{i0}q_{it}$$	优点：能准确反映报告期的权数结构变动 缺点：数据难以获得，计算复杂，难以反映对于初始报告期的价格变化
费雪价格指数	$$P_W = \sqrt{\left(\sum_{i=1}^{n} \frac{p_{it}q_{i0}}{\sum_{i=1}^{n} p_{it}q_{i0}} \right) \Big/ \left(\sum_{i=1}^{n} \frac{p_{it}q_{it}}{\sum_{i=1}^{n} p_{i0}q_{it}} \right)}$$	优点：具有良好的统计性质 缺点：资料难以获得，难以从现实经济意义加以选择

1. 工业品出厂价格指数

工业品出厂价格指数的数学模型基本方法如下。

第一步，由调查项目计算代表规格品个体价格指数。

$$K_{ij} = \frac{\overline{p_{1ij}}}{\overline{p_{0ij}}} = \frac{\dfrac{\sum p_{1ij}^h q_{0ij}^h}{\sum q_{1ij}^h}}{\dfrac{\sum p_{0ij}^h q_{0ij}^h}{\sum q_{0ij}^h}}$$

第二步，综合项目汇总代表规格品价格指数。

采用简单几何平均法计算。

$$K_j = \sqrt[n]{K_{1j} \times K_{2j} \times \cdots K_{nj}}$$

第三步，计算代表项目的个体价格指数。

代表项目个体价格指数用简单算术平均法计算。计算公式为：

$$K = \frac{K_1 + K_2 + \cdots K_m}{m}$$

第四步，计算价格总指数。

用代表项目个体价格指数直接加权计算。计算公式为：

$$\bar{K} = \frac{\sum KW}{\sum W}$$

2. 房屋建筑工程材料价格指数

材料价格指数分主材价格指数和材料费价格指数两类。

（1）主材价格指数

材料价格是市场变动最为频繁的投入要素，目前主要选取建设工程中使用频繁且使用量较大的主要材料作为测算对象，将主材分为十大类，共 29 个小类，分别编制个体价格指数和主材类型价格指数。

①主材个体价格指数。

主材单项价格指数是分别反映 29 种材料价格波动的指标，为个体指数，可根据指数的定义编制：材料报告期价格与基期材料价格之比。其计算公式如下：

$$I^c_{ijk} = \frac{P^c_{ijk}}{P^c_{0jk}} \times 100$$

式中：I^c_{ijk} 为第 j 类型第 k 种主材的主材个体价格指数；P^c_{ijk} 为报告期 i 第 j 类型第 k 种主材的价格；P^c_{0jk} 为基期第 j 类型第 k 中主材的价格。

②主材类型价格指数的编制。

主材个体价格指数是反映单个主材价格波动的指标，而主材类型价格指数是分别反映十大类主材价格波动的指标，是在主材个体价格指数的基础上，考虑此材料占该类型材料的权重，加权平均得到的。计算公式如下：

$$I^c_{ijk} = \sum \left(\frac{P^c_{ijk}}{P^c_{0jk}} \times 100 \times W^j_k \right)$$

$$= \sum \left(I^c_{ijk} * W^j_k \right)$$

式中：I^c_{ijk} 为第 j 类主材类型价格指数；W^j_k 为第 k 种主材费在第 j 类主材费中的权重。

根据采集到的已完工程造价资料选取典型工程，通过对材料费用进行分析测算，得到第 k 种主材费在第 j 大类主材费中的权重 W^j_k。

③运输市场景气指数。

道路货物运输市场景气指数是反映城市道路货物运输市场的经济波动、周期状况和发展繁荣程度的指标，是一种有效的行业监测工具。该指数的编制、发布和分析，可以为国家制定政策措施进行宏观调控提供依据，为投资者了解市场状况并选择投资机会提供信息，为道路货物运输企业、个体运输户、货代等运输市场参与者把握市场态势，准确预测市场未来发展趋势提供参考，从而对整个道路货物运输市场的健康发展起到良好的信息导向作用。

运输市场景气指数的基期取为 2010 年 12 月，基点为 1000。

（a）运输市场规模指数。

运输市场规模定量表现为道路货运量，其指数的计算采用普通相对数法，即用报告期总货运量与基期总货运量对比确定。

（b）运输市场信心指数计算。

运输市场信心指数主要反映对运输市场经营前景的看法，通过向场站内部和场站外部货代企业进行问卷调查获得定性主观数据。问卷中设置两个问题即对城市道路运输市场经营现状与运作与城市道路运输市场经营前景的看法，分别对每个问题设有三个选项：乐观、一般、不乐观。本研究中量化标准如下：乐观、一般、不乐观，分别取值为 15，10，5。因无法估算出所有货代企业队运输市场的看法，只以采样范围为总体计算该指数。针对每个指标，最后取值计算公式：

$$M_i = \frac{15\sum_{i=1}^{M} n_{it1} + 10\sum_{i=1}^{M} n_{it2} + 5\sum_{i=1}^{M} n_{it3}}{\sum_{i=1}^{M} (n_{it1} + n_{it2} + n_{it3})}$$

$$M_{i0} = \frac{15\sum_{i=1}^{M} n_{it10} + 10\sum_{i=1}^{M} n_{it20} + 5\sum_{i=1}^{M} n_{it30}}{\sum_{i=1}^{M} (n_{it10} + n_{it20} + n_{it30})}$$

（c）经济效益指数计算。

运输市场经济效益定量表现为道路运输总额，其指数的计算采用普通相对数法，即用报告期货运总额与基期货运总额对比确定。

（d）运输市场景气指数。

由运输市场规模指数 YJ_1、运输市场信心指数 YJ_2、运输市场经济效益指数 YJ_3，计算城市运输市场景气指数，其权重的确定采用专家打分法，经咨询运输行业相关专家，得出运输市场规模指数、运输市场信心指数、运输市场经济效益指数权重分别为 $A=10$，$B=5$，$C=10$，得出城市运输市场景气指数如下：

$$YJ = \frac{AYJ_1 + BYJ_2 + CYJ_3}{A + B + C}$$

第4章　公路工程材料价格指数体系

4.1　公路工程材料价格指数体系构建思路

4.1.1　公路工程材料价格指数的内涵

公路工程材料价格指数是反映一定时期公路工程建设中材料价格变化幅度的一种指标,是报告期材料的综合价格相对于基期的变化幅度,例如2016年3月钢材价格指数为110,意味着2016年3月钢材综合价格相当于基期的110%,也就是上涨了10%。

(1)材料价格指数有个体材料价格指数,也有综合材料价格指数

按照其反映的对象范围不同,指数分为个体指数与综合指数。只包含一个材料代号的材料价格指数属于个体材料价格指数(如柴油),包含多个代号的材料价格指数属于综合材料价格指数(如钢材)。

(2)材料价格指数属于定基指数

按照采用的基期不同,指数分为环比指数与定基指数。所谓环比指数,指将计算期的前一期作为基期来对计算期指数进行计算的一种指数。所谓定基指数,则指将固定某一时期作为基期来对各个时期指数进行计算的一种指数。由于湖南省材料价格指数用于材料调差,为方便计算,采用定基指数。

(3)材料价格指数属于拉氏指数

关于价格指数的研究,早在16世纪就有相关学者对其展开研究,并形成具有代表性价格指数计算公式。从实用性角度考虑,目前国际上较为通用的计算价格

指数的公式主要有拉氏价格指数公式、帕氏价格指数公式和费雪价格指数公式。

4.1.2 公路工程材料价格指数体系编制原则

（1）稳定性原则

确定公路工程材料价格指数编制范围，首先需找到最根本、最适用的指数分类作为基础和标准，确保造价管理者能够非常便捷地将其运用到实际工作当中去，保证工程材料价格指数体系的稳定。

（2）兼容性原则

编制公路工程材料价格指数需基于现有标准和规范，这就要求材料价格指数编制的范围一定要符合且在现有标准和规范框架之内，除此以外，还要尽量与国家在统计方面的相关规定及工程量清单计价规范使用一致的编码标准及数据格式。我国地域辽阔，各地经济发展具有明显的不平衡性，材料的用量与权重、地材的价格等在不同地区需区别对待，充分考虑地区特征，以符合当地的造价管理实际需要。

（3）可扩展性原则

随着公路工程技术的日益发展，公路工程造价管理水平也在不断提高。在不打乱现有公路工程材料价格指数体系的基础上，为保证对工程造价指数体系中一些指数进行延伸，各级公路材料价格指数拥有较强的灵活性是非常必要的。

（4）实用性原则

为了改善公路工程造价管理的现状，公路工程材料价格指数体系的编制需充分考虑各级公路造价管理者的实际使用需求，尤其公路工程造价管理的基层从业人员。

4.2 公路工程材料价格指数体系构建方案

4.2.1 编制过程

一般情况下，编制一个指数需要考虑四个基本要素：代表规格品、权重、基期和计算公式。这四个要素的选择将直接影响到指数功能的发挥。

公路工程材料价格指数的形成过程大致如图 4.1 所示。

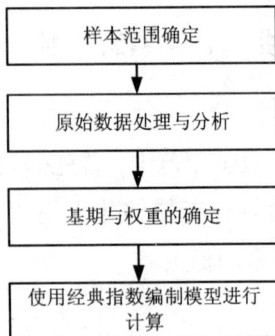

图 4.1 公路工程材料价格指数的形成

首先收集公路工程造价管理基础数据，通过比较确定具有典型代表性的工程作为样本范围。各类工程中，材料费用的占比及材料的构成有一定差异，通过样本数据的整理和分析，明确各类工程中用于确定材料价格指数的材料类型，即对材料费有重大及较大影响的材料类型。

运用数理统计方法按照各类型工程特点分别计算不同类别材料中各种材料的用量比例来确定权重。

依据基期计算往后每期公路材料价格指数。

4.2.2 基础数据采集

1.数据采集的目的

编制公路工程材料价格指数体系，首先需要对公路工程材料使用情况有全面详细了解，因此采集清单预算、清单合同、工程计量等原始数据是指数编制的基础工作，直接影响着指数的准确性、时效性和实用性。通过上述原始数据的分析和提取，明确价格指数体系的二级指标和三级指标，为材料大类中的各品种材料权重确定提供依据。

2.数据采集的方法及范围

采集公路工程材料价格指数基础数据，可从以下几个方面入手。

（1）市场建材信息

目前，建材价格基本已经市场化，相关价格信息都非常容易获取。此外，在专业期刊和网络上，也能够查询到由造价管理部门或者工程造价咨询机构定期发布的各类市场价格信息，包括人工、水泥、钢材、砂石料、施工机械等价格，这些基本上是没有处理过的原始价格信息。

各省市相关造价管理部门通过刊物定期发布的价格信息相对来说比较完善，并且按照各省市内的各级区县来进行区域划分，分别刊载各个地区的建材价格，内容基本上涵盖所有建材种类，但由于地域关系，这些价格信息只适用于当地的建设工程。与此同时，互联网技术的飞速发展，极大地方便了价格信息的采集。若要了解某地的工料机价格信息，可登录当地的行业造价管理部门或咨询机构的价格信息网络发布平台进行查询。

（2）相关物价指数

在国内，工程造价协会或者相关的造价管理部门除了发布市场价格信息外，还会对物价变动实施密切跟踪，分析价格变动趋势，定期发布物价指数。如中国钢铁工业协会，每个月他们都会及时发布全球各种钢材最新价格及价格指数等动态信息；相关行业定额站定期发布单项价格指数，如人工价格指数、主要建筑材料价格指数等。

（3）已完工程项目材料信息

已完工程项目材料信息指已竣工公路工程项目的有关各主要材料的投入、价格等信息，包括施工图阶段的预算、承发包合同、投资结算和竣工决算等工程项目各阶段的相关材料数据和资料。

工程竣工决算资料反映了工程实际材料消耗及价格波动的真实情况，是最具有参考价值的数据资料。通过分析已完工程项目竣工决算及概、预算文件等造价资料，储存材料价格指数编制所需相关数据资料，可以更加准确地掌握材料管理风险。

（4）其他相关信息

其他相关信息包括工程施工工艺的了解、机械台班的使用情况、人工消耗情况等公路工程实施过程中的各类材料的投入情况，工程质量、进度等信息。

4.2.3　编制方法

公路工程各大类材料价格指数显然属于总指数，其采用的基本方法主要有综合指数法与平均指数法，运用它们编制所得的指数分别叫作综合指数与平均指数。综合指数的特点是先对各种现象进行汇总，再进行相互比较，而平均指数是一种基于个体指数，对个体指数进行加权平均所计算出来的总指数。公路工程材料价格指数需要定期按月或者季度来发布，从开展工作的便利性、时效性和有效性出发，采用综合指数更有利于公路工程材料价格指数的连续发布。

当前，综合价格指数的编制方法分为拉氏价格指数和帕氏价格指数两大类，两者的主要区别在于拉氏价格指数是以基期为权数的加权算术平均，而派氏价格指数是以报告期为权数的加权算术平均。两者各有优缺点，在上文中也进行了比较。公路工程材料价格指数作为宏观数据，反映的是湖南省范围内公路工程材料价格波动的整体情况，鉴于工程材料类别多且公路工程各种材料的使用比例在一定时期内基本均衡，采用拉氏价格指数法进行公路工程材料价格指数的编制。

4.2.4 权数与基期

1. 权数的选择

编制公路工程材料价格指数，权数（权重）的确定至关重要，测算造价指数时需要对权数进行认真分析与研究，权数的准确程度往往决定着造价指数的准确程度。

材料价格指数中既包括单一材料价格指数，同时也包含综合材料价格指数。单一材料价格指数并不存在权数选择的问题，但综合材料价格指数中，各品种材料的权数确定对指数的最终显示结果影响较大。

为契合公路工程材料使用现状，在材料价格指数体系构建过程中通过对湖南省范围内具有典型代表性的高速公路项目进行材料用量分析，在数理统计的基础上确定综合材料价格指数中各品种材料权数，以切实反映湖南省公路工程材料消耗结构，保证代表材料的合理性。

2. 基期的选择

公路工程材料价格指数是一种反映公路工程造价变动的相对数，所以需选择一定的时期进行对比，所选择的这个时期就是基期。通常，基期有两种不同的形式：固定基期和递换基期。固定基期是指用来与全部计算期（报告期）进行比较的某个固定不变的基准时期。固定基期的造价指数数列能够反映相当长一段时间的工程材料价格的变动趋势。其最大的优点就是标准的固定性，但也存在着不足之处，即前期与后期不能直接进行对比。

公路工程项目的建设周期较长，通常达到 3 ~ 5 年，成本确定和成本支付之间存在较长的时间间隔，构建材料价格指数的目的之一是方便项目参建方直观显示材料价格相较于成本确定时的波动幅度，为材料调差提供依据。因此，湖南省公路工程材料价格指数采用固定基期,基期的确定可根据湖南省公路工程材料调差的实际需求来确定。

公路工程材料价格指数是反映公路工程材料价格发展变化趋势的宏观数据。由于公路工程涉及的材料种类繁多,不同材料对工程造价的影响程度不一,因此,考虑按照材料类别对工程材料进行归类,并找出对工程造价具有重要影响的材料类别来建立公路工程主要材料类别价格指数。

此外,公路工程包含路基工程、路面工程、桥梁工程、隧道工程、交安设施等,不同工程所需要的材料种类差异较大,应充分考虑材料用比的一般规律,按照工程实际中的统计习惯进行工程类别的划分,以保证材料指数的合理性。根据公路工程招标习惯,路面工程分为路面工程Ⅰ(专业路面工程)和路面工程Ⅱ(土建工程中的接线、改路路面工程及主体路面垫层、底基层)。

湖南省作为中国南方大省,现有13个省辖市、1个自治州,地域辽阔,地形以山地丘陵为主,各地物产、交通等情况差异较大。考虑到运距、地材出产价格、经济发展状况等因素,湖南省交通造价管理站按照各州市分区域进行材料指导价的发布。在公路材料价格指数体系构建时,也应按照各区域分别编制各州市公路工程材料价格指数。

依据上述划分,可形成一个科学、全面、系统的湖南省公路工程材料价格指数体系,总体框架如图4.2所示。

4.2.5　体系构建方案

桥梁工程中,悬索桥、斜拉桥和钢结构桥等技术复杂大桥,材料构成与普通桥型具有明显区别,因此,将此三类桥梁单独列出来。当前,由于数据搜集的相关原因,悬索桥、斜拉桥和钢结构桥的材料价格指数暂缓编制。

绿化工程、机电工程暂不编制价格指数。

房建工程按住房和城乡建设部门相关规定执行,本书不再讲述。

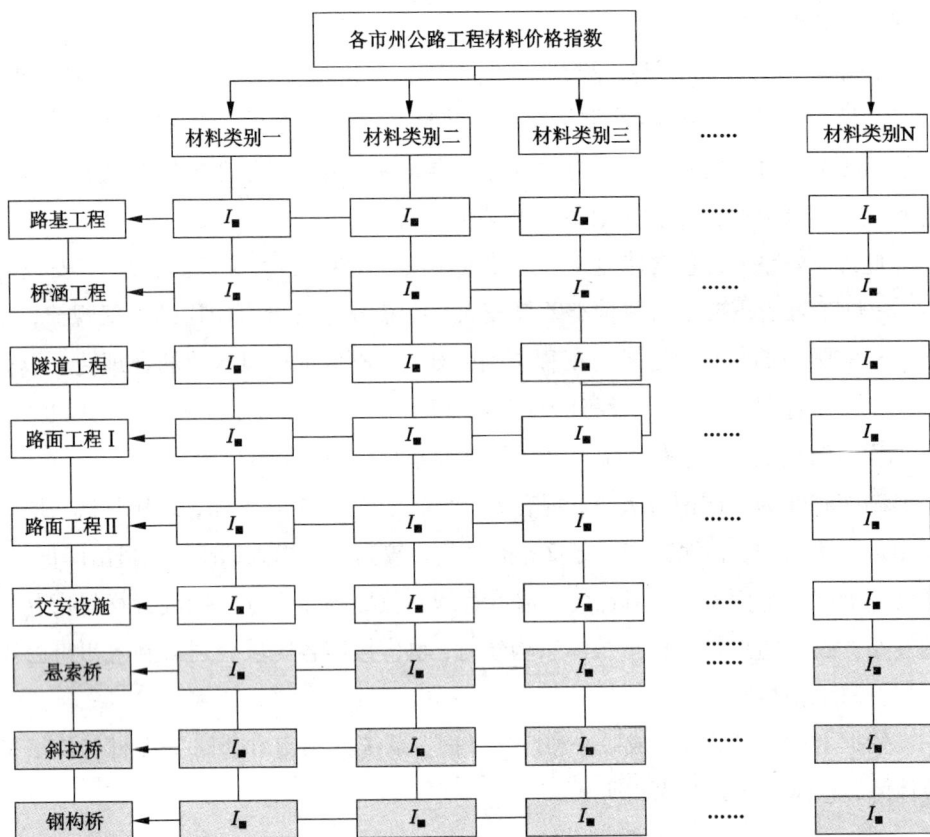

图 4.2

4.3 样本选择

选取 13 个项目共 133 个土建标段和 15 个路面标段进行样本分析。样本以山岭重丘区高速公路为主，兼顾平原微丘区，符合我省在建和待建高速公路实际情况。

4.4　代表材料的确定

公路工程中的路基工程、路面工程Ⅰ、路面工程Ⅱ、桥涵工程、隧道工程、交通安全设施所涉及的材料类别有较大差异，为合理确定材料价格指数所包含的材料类别，对样本中材料费用的占比情况进行分析，以确定分项工程中主要材料类别。

4.4.1　路基工程材料费用占比分析

路基工程中涉及的材料种类繁多，按照材料占总材料费用的比例大小排序，其中累积占比达到80%的材料包括柴油、片（块）石、碎（砾）石、中（粗）砂、钢材、水泥、硝铵炸药、铁丝编织网、沥青、土工格栅、生石灰、砂砾、砂砾土、砾石土、天然级配等，但上述材料在标段中出现的频率存在较大差异，典型的如生石灰、砂砾土、砾石土、天然级配、铁丝编织网，只存在于个别标段之中，如图 4.3 所示，从整体上来看，可将此类材料剔出代表材料范围。

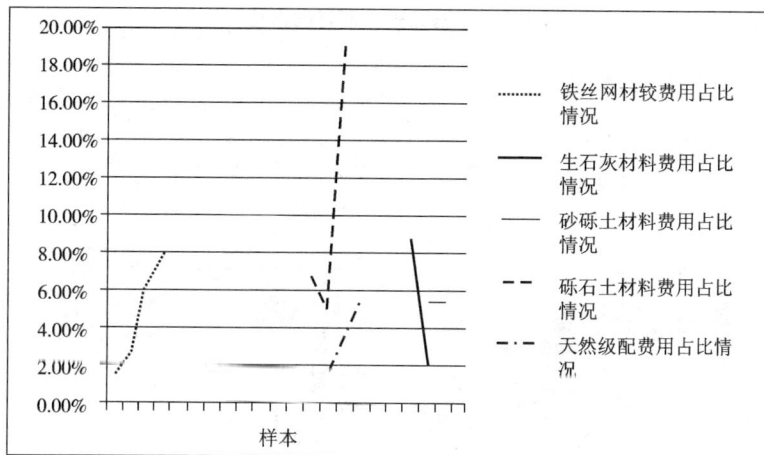

图 4.3　路基工程生石灰、中砂砾、砂砾土、砾石土、天然级配的占比

在路基工程中，另有部分材料在样本中的频次虽然较高，也占据一定的费用比例，但其价格波动性不大，亦可不予考虑，如管制类材料硝铵炸药、土工格栅，

可不纳入代表材料范围。部分材料虽然出现频次较高，但占比太小，影响有限，如沥青，不予考虑。

路基工程中由于地基土类型及地基加固处理方式的差异和材料价格自身的波动性，各标段主要材料类别也不尽相同，考虑到材料价格指数的代表性和普遍性，可重点考虑钢材、水泥、中粗砂、碎(砾)石、片(块)石、柴油几类最为常见的材料作为重点分析对象。对上述材料在样本标段中的材料费用占比情况进行统计，如图4.4~图4.9所示。

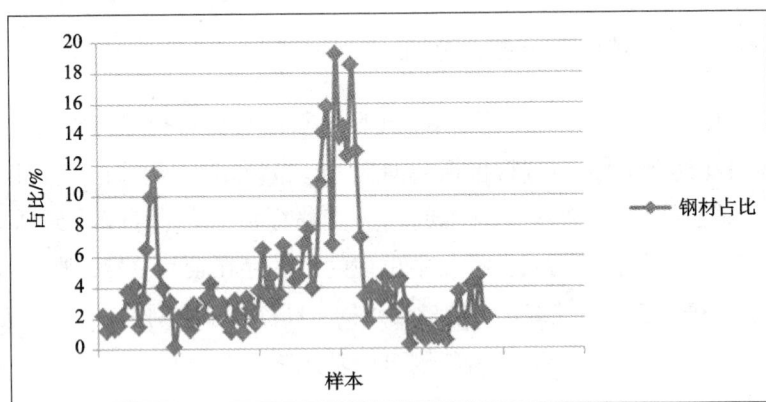

图 4.4　路基工程中钢材的占比/%

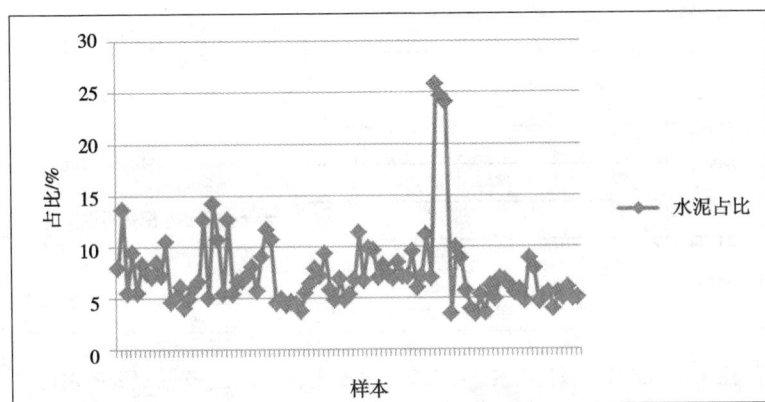

图 4.5　路基工程中水泥的占比/%

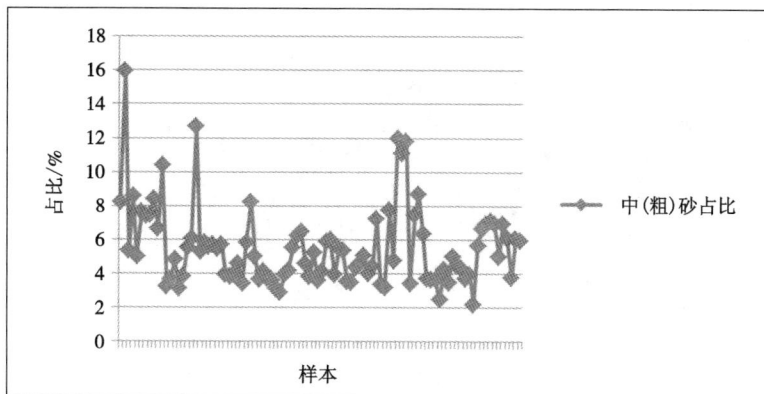

图 4.6 路基工程中中(粗)砂的占比/%

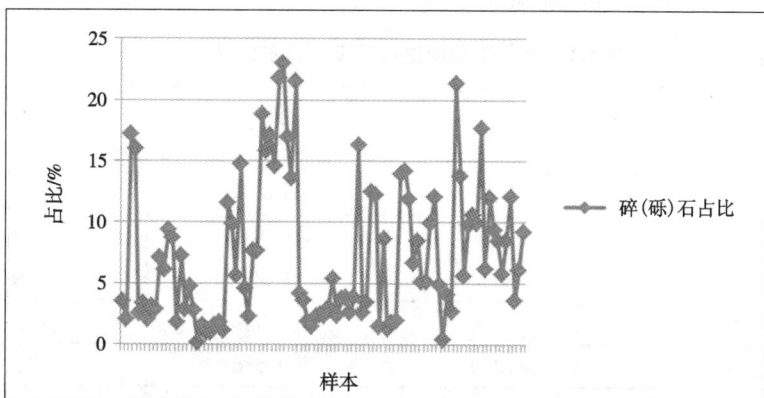

图 4.7 路基工程中碎(砾)石的占比/%

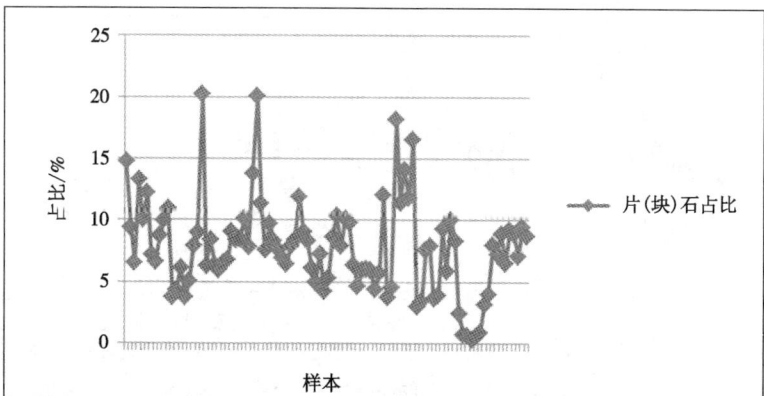

图 4.8 路基工程中片(块)石的占比/%

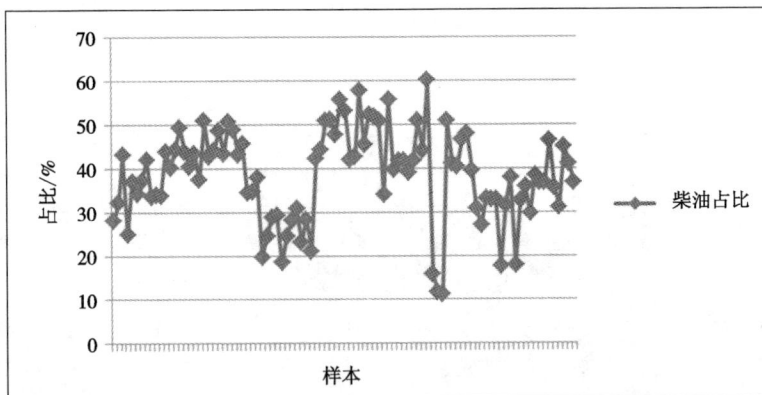

图 4.9　路基工程中柴油的占比/%

对上述六类材料进行统计分析,得到表 4.1。

表 4.1　路基工程中主要六类材料占比统计分析

材料类别	均值	中值	方差
钢材	4.298	3.17	15.727
水泥	7.438	6.624	15.327
中(粗)砂	5.525	5.027	5.549
碎(砾)石	7.445	5.651	33.367
片(块)石	7.793	7.708	14.458
柴油	38.260	39.586	107.830

对上述六类材料在路基工程材料费用占比进行合计,得到图 4.10。

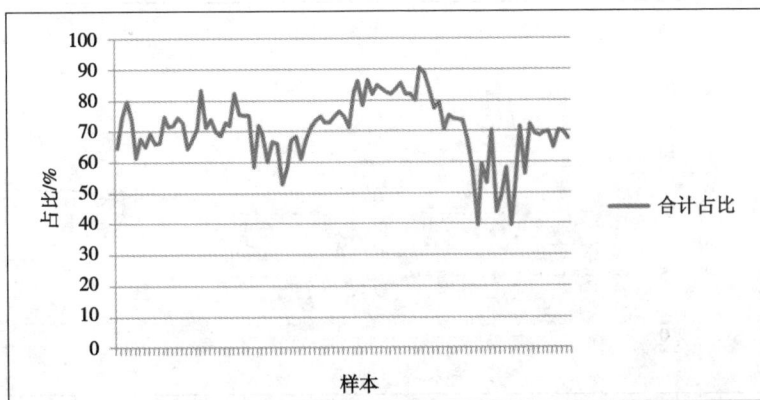

图 4.10　路基工程中主要材料合计的占比/%

对合计进行统计分析，结果如下所示。

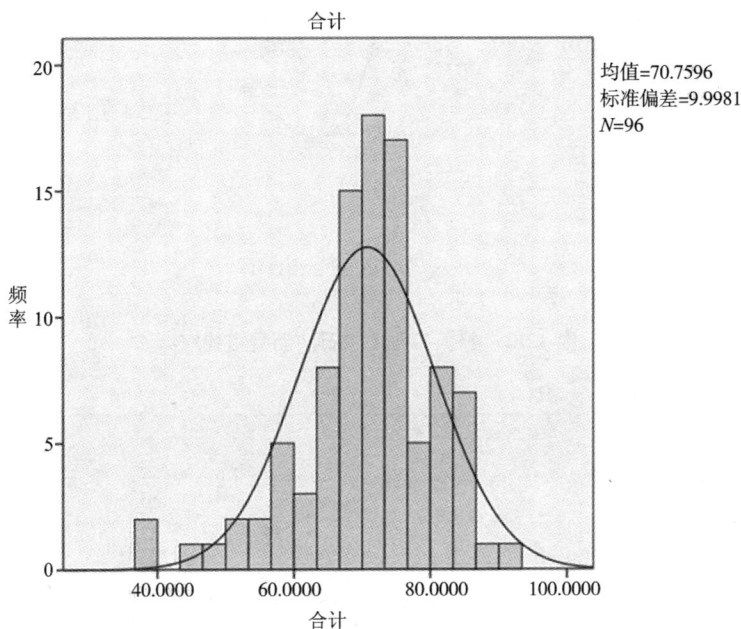

图4.11　路基工程中主要材料合计占比统计分析/％

由图4.10可知，上述六类材料平均在路基工程材料费用中的占比为70％，其中八成以上标段合计比例高于65％，这说明了上述材料的代表性。

4.4.2　路面工程 I 材料费用占比分析

通过对15个标段样本的路面工程 I 材料费占比进行分析，路面工程 I 中材料费占比比较稳定，材料费用中占比达到90％以上的材料有石油沥青、碎（砾）石、水泥、砂、重油、柴油几类，占比情况如图4.12～4.17所示。

由上述图示可知，路面工程 I 中材料占比情况比较均衡，上述材料在路面工程 I 材料费中的平均占比如图4.18所示。

材料总费用中，石油沥青、碎（砾）石、水泥、砂、重油、柴油占比超过90％，可以作为路面工程 I 的材料指数代表。

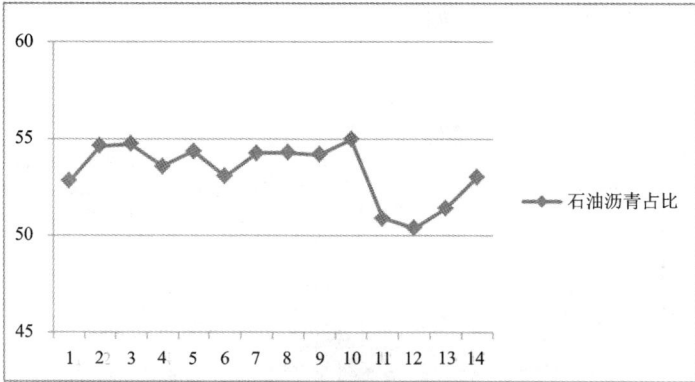

图 4.12　路面工程 I 中石油沥青占比/%

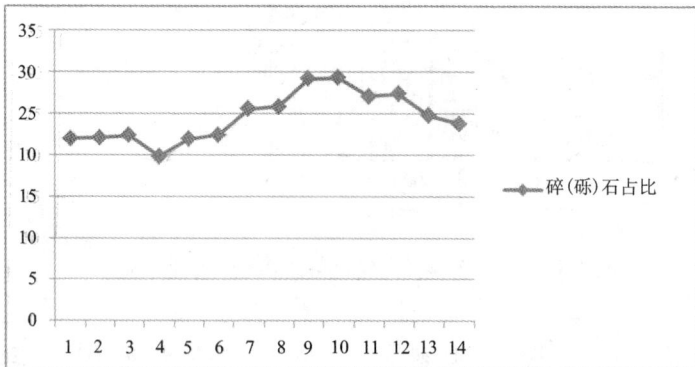

图 4.13　路面工程 I 中碎(砾)石占比/%

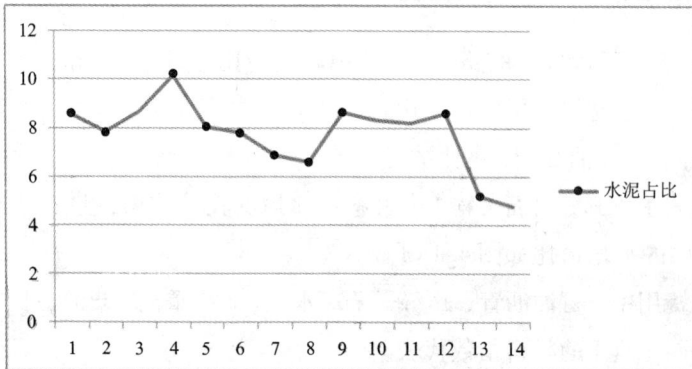

图 4.14　路面工程 I 中水泥占比/%

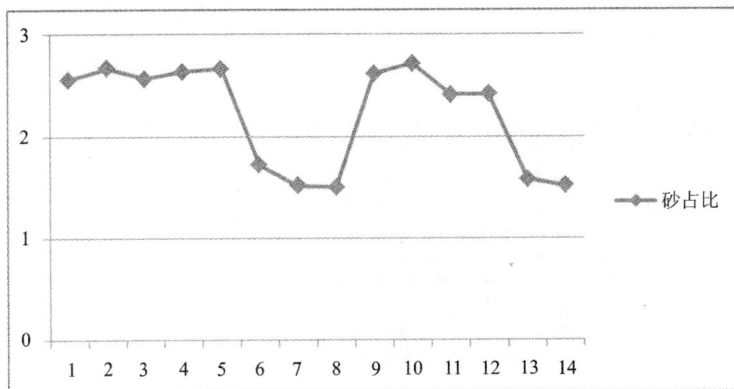

图 4.15　路面工程 I 中砂占比/％

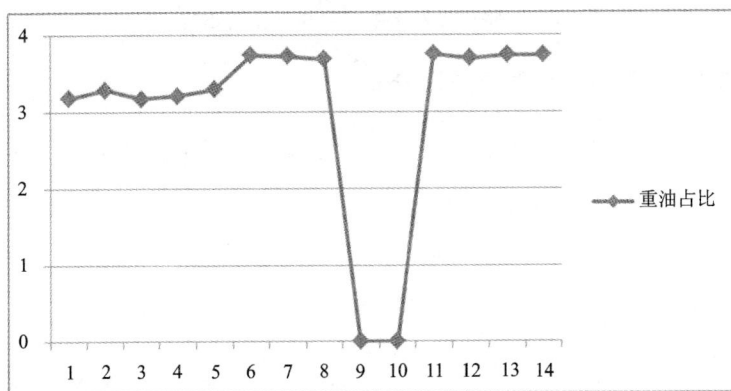

图 4.16　路面工程 I 中重油占比/％

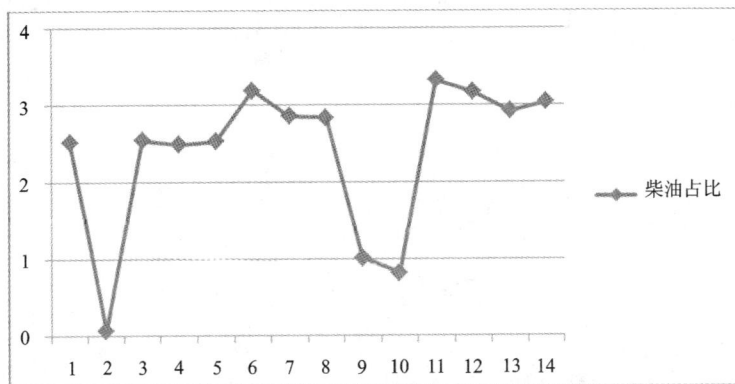

图 4.17　路面工程 I 中柴油占比/％

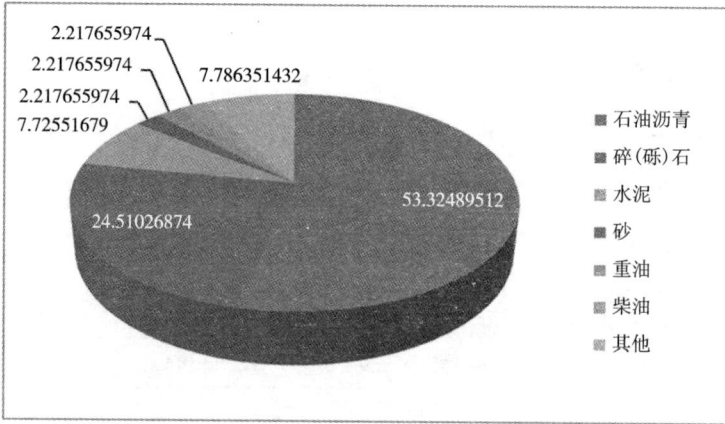

图4.18 路面工程Ⅰ中主要材料平均占比/%

4.4.3 路面工程Ⅱ材料费用占比分析

通过对有效样本范围内材料费占比进行分析,路面工程Ⅱ中材料费占比存在一定波动,但主要材料类别比较明显,主要有碎(砾)石、水泥、柴油、中(粗)砂四类,占比情况如图4.19～图4.21所示。

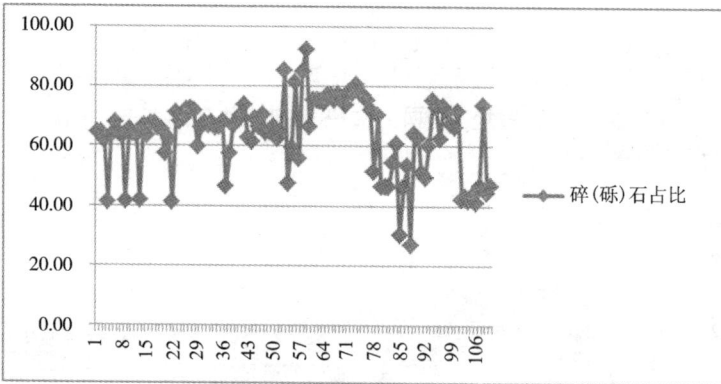

图4.19 路面工程Ⅱ中碎(砾)石材料平均占比/%

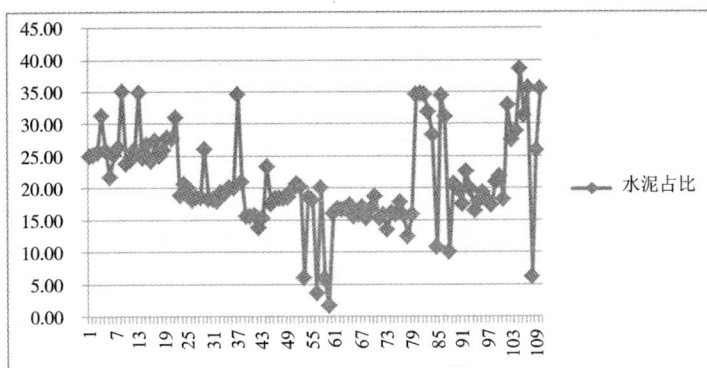

图 4.20　路面工程 II 中水泥材料平均占比／%

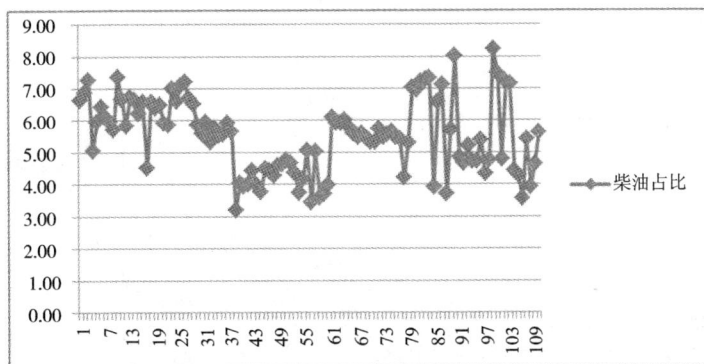

图 4.21　路面工程 II 中柴油材料平均占比／%

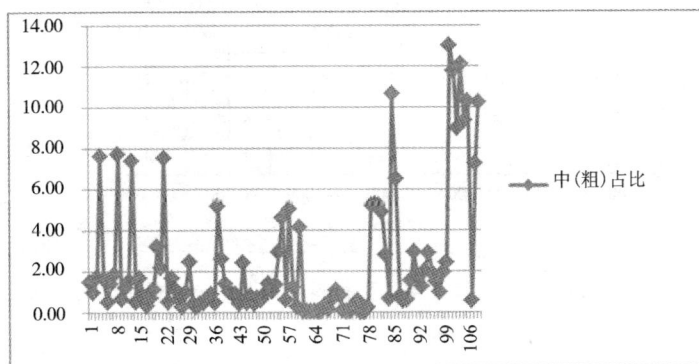

图 4.22　路面工程 II 中中(粗)砂材料平均占比／%

对上述材料进行占比统计分析,得到表4.2。

表4.2 路面工程Ⅱ中主要六类材料占比统计分析

材料类别	均值	中值	方差
碎(砾)石	63.59	66.08	151.19
水泥	21.16	19.49	53.01
中(粗)砂	5.527	5.573	1.312
柴油	2.35	1.04	9.21

对上述四类材料在路面工程Ⅱ材料费用占比进行合计占比统计分析,得到图4.23。

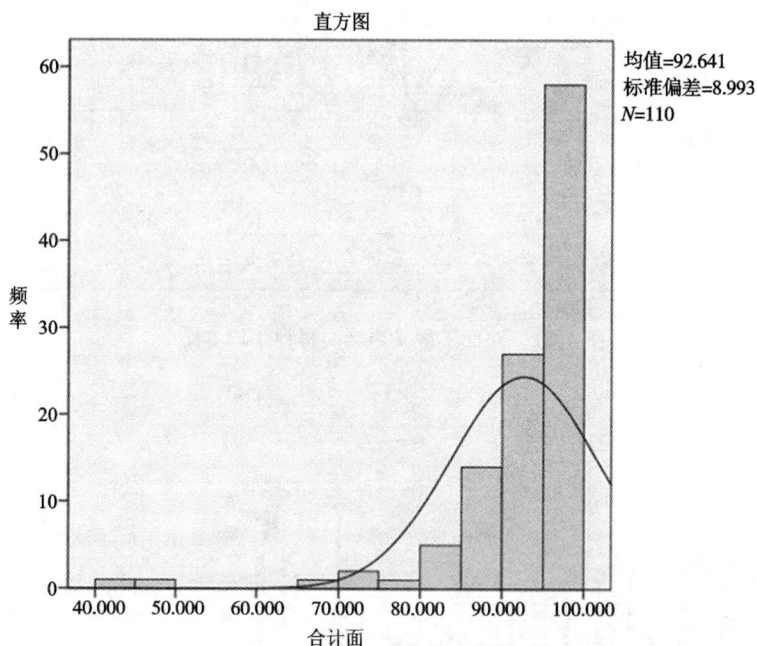

图4.23 路面工程Ⅱ中主要材料合计占比统计分析(%)

由图4.23可知,上述四类材料平均在路面工程Ⅱ材料费用中的占比为92%,其中八成以上标段合计比例高于85%,这说明了上述材料的代表性。

4.4.4　桥涵工程材料费用占比分析

通过对有效样本范围内材料费占比进行分析,桥涵工程中材料费占比存在一定波动,但主要材料类别比较明显,主要有钢材、水泥、中(粗)砂、碎(砾)石、柴油几类,占比情况如图4.24～图4.28所示。

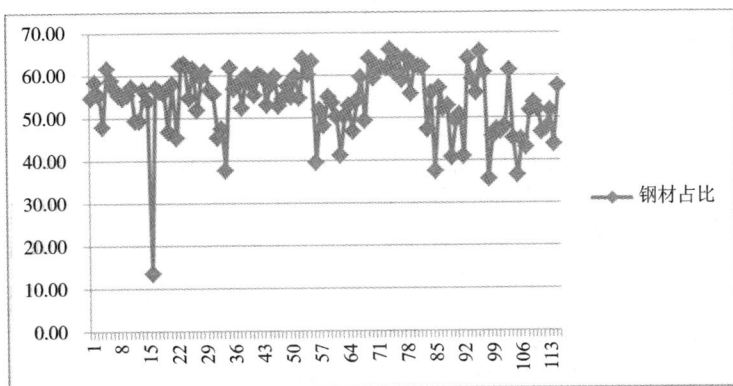

图4.24　桥涵工程中钢材占比/%

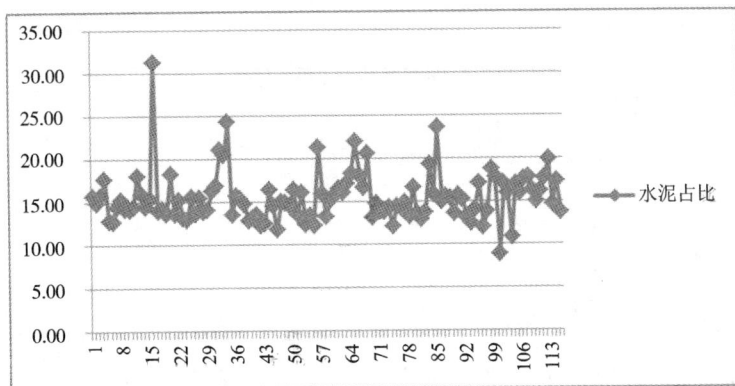

图4.25　桥涵工程中水泥占比/%

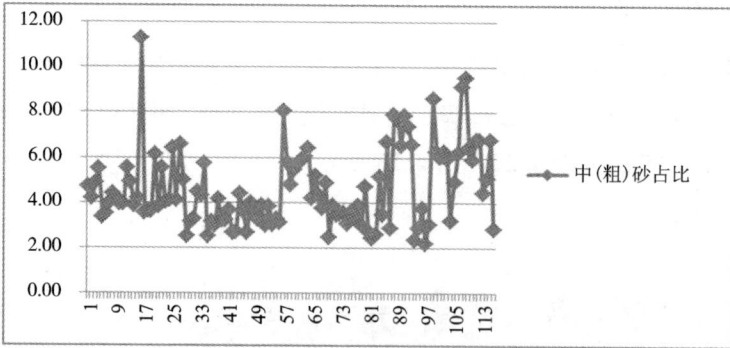

图 4.26　桥涵工程中中(粗)砂占比/%

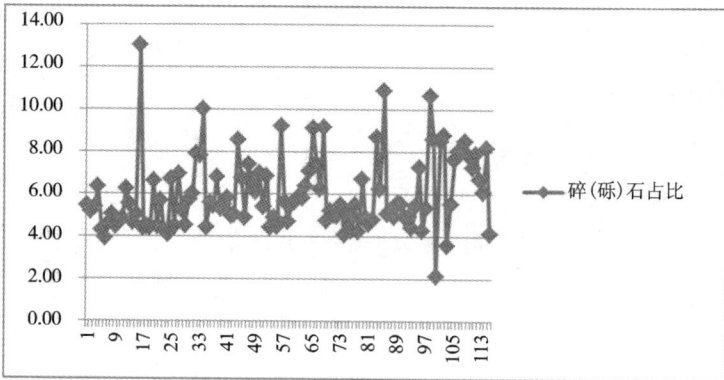

图 4.27　桥涵工程中碎(砾)石占比/%

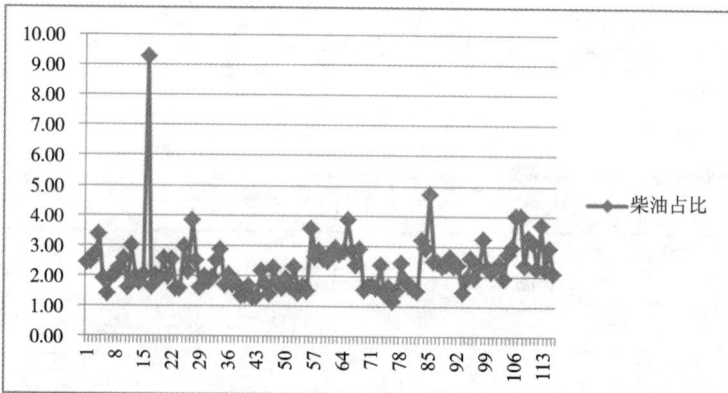

图 4.28　桥涵工程中柴油占比/%

对上述几类材料在桥涵工程材料费用占比进行合计占比统计分析，得到图 4.29。

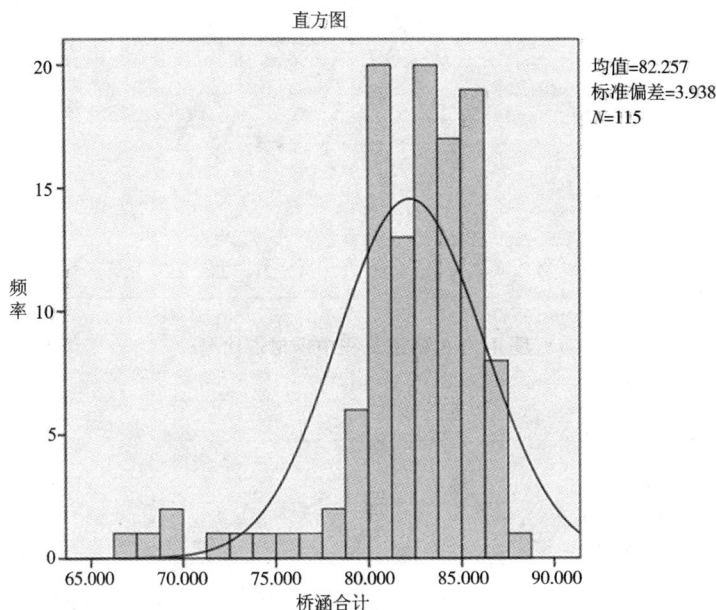

图 4.29　桥涵工程中主要材料占比统计分析（％）

由上述统计分析图可知，上述几类材料平均在桥涵工程材料费用中的占比为 82％，其中八成以上标段合计比例高于 80％，这说明了上述材料的代表性。

4.4.5　隧道工程材料费用占比分析

隧道工程样本共计 25 个标段，隧道工程所涉及的材料种类相对较多，按照材料占总材料费用的比例大小排序，其中累积占比达到 85％的材料包括钢材、水泥、柴油、碎（砾）石、电、中（粗）砂、硝铵炸药、中空注浆锚杆（按照惯例未纳入钢材范畴）、钢模板（钢模板作为周转材料，按照惯例未纳入钢材范畴）、塑料防水板。其中电及硝铵炸药价格非常稳定，中空注浆锚杆和塑料防水板价格波动相对较小，钢模板属于周转材料，按照湖南省材料调差指导意见，主要考虑钢材、水泥、柴油、碎（砾）石、中（粗）砂几类材料。

隧道工程中，主要材料的占比相对稳定，各类材料的平均占比情况如图 4.30 ～图 4.35 所示。

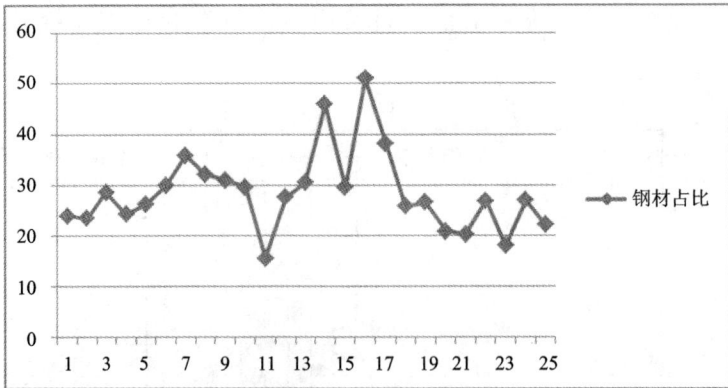

图 4.30　隧道工程中钢材占比/%

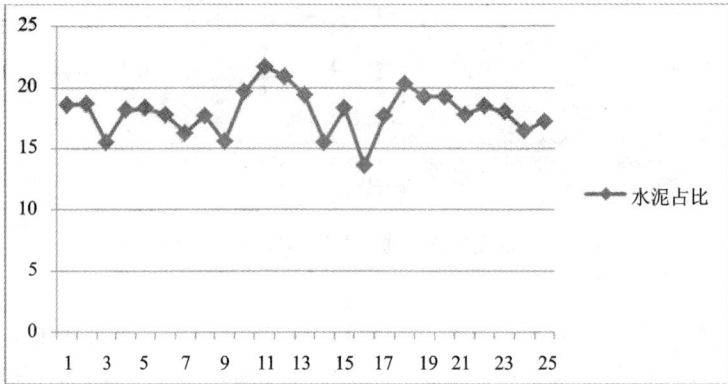

图 4.31　隧道工程中水泥占比/%

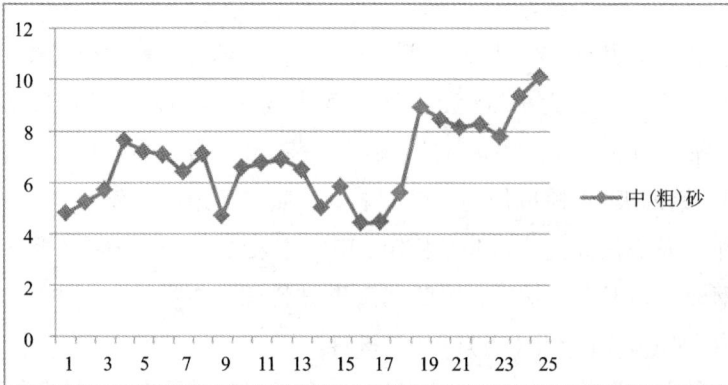

图 4.32　隧道工程中中(粗)砂占比/%

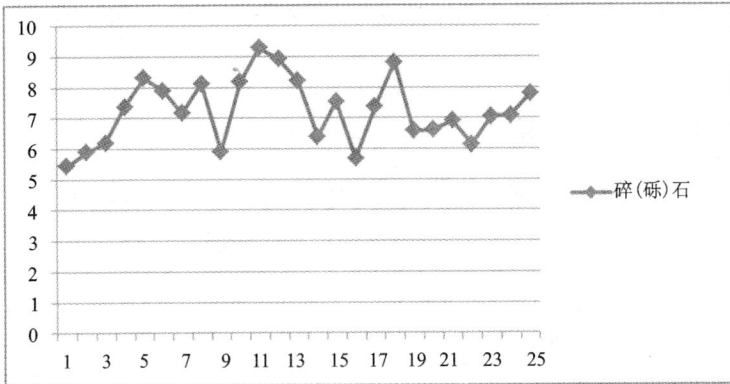

图 4.33　隧道工程中碎(砾)石占比/%

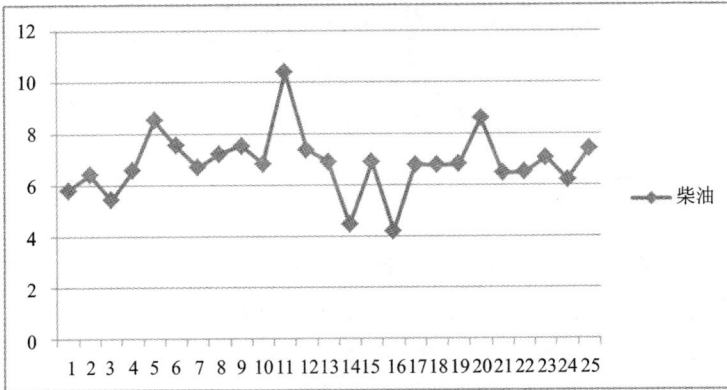

图 4.34　隧道工程中柴油占比/%

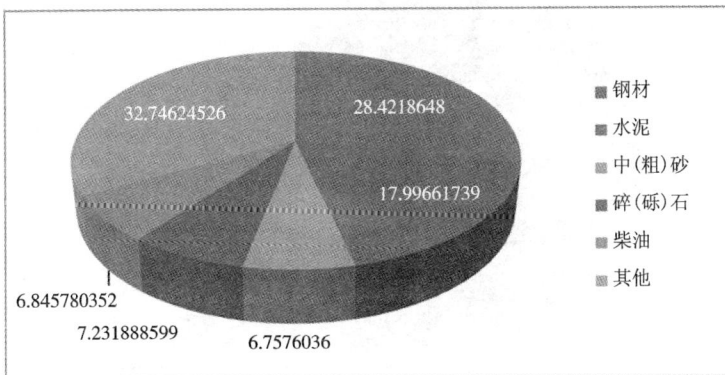

图 4.35　隧道工程材料占比分析/%

由上述统计分析图可知，上述几类主要材料平均在隧道工程材料费用中的占比为68%，如果加上电、硝铵炸药和中空注浆锚杆的占比，则总合计占比将超过80%，因此，可用钢材、水泥、柴油、碎（砾）石、中（粗）砂几类材料作为代表材料。

4.4.6 交安工程材料费用占比分析

交通安全设施（不包括预埋管线）标段划分往往按工程内容进行，不同工程内容材料构成差异很大，因而不能按标段进行分析，而应按项目综合分析。五个样本项目的材料构成如表4.3所示。

表4.3 交通安全设施材料费占比分析/%

材料类别	E高速	B高速	C高速	A高速	D高速	平均
钢材	60.26	60.29	59.49	55.93	55.79	58.35
刺铁丝	0.76	0.72	0.65	0.00	1.24	0.67
焊接网隔离栅	2.25	2.20	4.47	13.47	1.90	4.86
合计	63.26	63.22	64.61	69.40	58.93	63.88
其他	17.07	14.35	16.46	11.45	20.02	15.87

钢材、刺铁丝、焊接网隔离栅三类材料造价权重平均为58.35%，其他材料造价权重平均为15.87%，如图4.36所示。钢材、刺铁丝、焊接网隔离栅三类材料在所有材料中占比达到80%，可以作为交通安全设施的代表性材料。

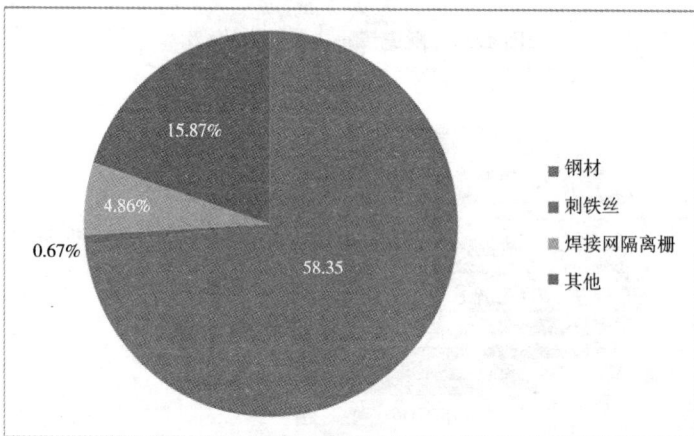

图4.36 交通安全设施材料费占比分析/%

4.4.7 材料价格指数体系构成

本次构建的材料造价指数体系主要针对土建工程、专业路面工程、交通安全设施,悬索桥、斜拉桥和钢结构桥等技术复杂大桥因样本没有涉及,未做统计分析,上述工程材料价格指数暂缓编制。

依据湖南省交通厅湘交基建[2013]286号文,调差材料范围为《公路工程预算定额》(JTG/T B06—02—2007)附录四表中的主要材料,具体如下。钢材:代号111~143、代号182~183、代号191、代号247~249)、代号265、代号290~291、代号301~304、代号310、代号667~668;水泥:代号832~834;中(粗)砂:代号899;碎(砾)石:代号951~971、代号921~924;石油沥青:代号851~853;柴油:代号863;半成品:混凝土及钢筋混凝土构件。与当前湖南省公路工程调差材料范围相比较可知,上面对材料费用占比分析得到的主要材料范围与其基本保持一致[路基工程中增加片(块)石、交通安全设施中增加刺铁丝、焊接网隔离栅,钢材还包括了代号192、208、247、248、249、651、652、722]。

4.5 材料价格指数计算

根据以上样本对每类材料价格指数包含的材料种类如表4.4所示。

表4.4 湖南省公路工程材料价格指数材料组成

序号	材料名称	代号	备注
一、钢材			
1	光圆钢筋	111	
2	带肋钢筋	112	
3	冷轧带肋钢筋网	113	
4	环氧光圆钢筋	114	
5	环氧带肋钢筋	115	
6	预应力粗钢筋	121	
7	钢绞线	125	
8	环氧钢绞线	126	

续表 4.4

序号	材料名称	代号	备注
9	镀锌钢绞线	127	
10	钢丝	131	
11	低碳冷拔钢丝	132	
12	高强钢丝	133	
13	镀锌高强钢丝	134	
14	平行钢丝斜拉索	141	
15	钢绞线斜拉索	142	
16	主缆索股	143	
17	型钢	182	
18	钢板	183	
19	钢管	191	
20	镀锌钢管	192	仅交通安全设施
21	镀锌钢板	208	仅交通安全设施
22	钢管立柱	247	
23	波形钢板	249	
24	钢壳沉井	265	
25	索夹	290	
26	索鞍构件	291	
27	钢梁	301	
28	钢桁	302	
29	钢纵横梁	303	
30	钢箱梁及桥面板	304	
31	钢管拱肋	310	
32	铁件	651	仅交通安全设施
33	镀锌铁件	652	仅交通安全设施
34	钢板标志	667	
35	铝合金标志	668	
36	支撑架	722	仅交通安全设施
二、水泥			
37	32.5 级水泥	832	

续表 4.4

序号	材料名称	代号	备注
38	42.5 级水泥	833	
39	52.5 级水泥	834	
	三、沥青		
40	石油沥青	851	
41	改性沥青	852	
42	乳化沥青	853	
	四、柴油		
43	柴油	863	
	五、中(粗)砂		
44	中(粗)砂	899	
	六、碎(砾)石		
45	砾石(2 cm)	921	
46	砾石(4 cm)	922	
47	砾石(6 cm)	923	
48	砾石(8 cm)	924	
49	碎石(2 cm)	951	
50	碎石(4 cm)	952	
51	碎石(6 cm)	953	
52	碎石(8 cm)	954	
53	碎石	958	
54	石屑	961	
55	路面用碎石(1.5 cm)	965	
56	路面用碎石(2.5 cm)	966	
57	路面用碎石(3.5 cm)	967	
58	路面用碎石(5 cm)	968	
59	路面用碎石(6 cm)	969	
60	路面用碎石(7 cm)	970	
61	路面用碎石(8 cm)	971	
	七、片(块)石		
62	片石	931	

续表4.4

序号	材料名称	代号	备注
63	块石	981	
八、焊接网隔离栅			
64	电焊网隔离栅	180	仅交通安全设施
九、刺铁丝			
65	刺铁丝	658	仅交通安全设施

　　其中,综合材料钢材、水泥、碎(砾)石、沥青、片(块)石5大类材料的不同品种材料平均构成比例如表4.5所示。

表4.5　各工程类别中材料的构成比例/%

序号	材料	代号	路基工程	路面工程Ⅰ	路面工程Ⅱ	桥涵工程	隧道工程	交安设施
1	钢材		100	—	—	100	100	100
	光圆钢筋	111	28.6	—		14.7	13.1	1.6
	带肋钢筋	112	66.9	—		72.7	51.2	0.7
	冷轧带肋钢筋网	113	—			0.7	—	—
	预应力粗钢筋	121				0.0		
	钢绞线	125	1.7	—		7.1	—	
	低碳冷拔钢丝	132						
	型钢	182	1.3			1.4	23.8	3.0
	钢板	183	0.6			2.5	3.7	2.1
	钢管	191	0.9			1.0	8.2	1.4
	镀锌钢管	192	—			—	—	0.1
	镀锌钢板	208						0.7
	钢管立柱	247						32.7
	型钢立柱	248						16.0
	波形钢板	249						38.7
	铁件	651	—			—	—	0.1
	镀锌铁件	652	—			—	—	2.0

续表 4.5

序号	材料	代号	路基工程	路面工程Ⅰ	路面工程Ⅱ	桥涵工程	隧道工程	交安设施
	铝合金标志	668	—	—	—	—	—	0.3
	支撑架	722	—	—	—	—	—	0.6
2	水泥		100	100	100	100	100	—
	32.5 级水泥	832	99.2	98.0	99.9	59.5	97.9	
	42.5 级水泥	833	0.8	2.0	0.1	36.8	2.1	
	52.5 级水泥	834	—	—	—	3.7	0.0	
3	碎(砾)石		100	100	100	100	100	
	砾石(2 cm)	921	0.6	—	—	—	—	
	砾石(4 cm)	922	0.7	—	—	—	—	
	砾石(6 cm)	923	0.0	—	—	—	—	
	砾石(8 cm)	924	0.0	—	—	—	—	
	碎石(2 cm)	951	6.5	0.5	0.6	33.2	16.6	
	碎石(4 cm)	952	12.6	2.7	5.3	60.2	73.9	
	碎石(6 cm)	953	3.3	0.1	—	0.1	—	
	碎石(8 cm)	954	7.0	—	—	5.2	9.1	
	碎石	958	69.3	70.1	88.8	1.2	0.4	—
	石屑	961	—	5.5	0.6	0.0	0.0	
	路面用碎石(1.5 cm)	965	—	5.6	0.8	0.0	—	
	路面用碎石(2.5 cm)	966	—	6.8	1.2	0.0	—	
	路面用碎石(3.5 cm)	967	—	2.9	1.7	0.0	—	
	路面用碎石(5 cm)	968	—	—	0.9	0.0	—	
	路面用碎石(6 cm)	969	—	—	0.0	0.0	—	
	玄武(辉绿)岩碎石		—	5.8	—	—	—	

续表 4.5

序号	材料	代号	路基工程	路面工程 I	路面工程 II	桥涵工程	隧道工程	交安设施
4	片(块)石		100	—	—	—	—	—
	片石	931	99.7	—	—	—	—	—
	块石	981	0.3	—	—	—	—	—
5	沥青		—	100	—	—	—	—
	石油沥青	851	—	29.1	—	—	—	—
	改性沥青	852	—	66.3	—	—	—	—
	乳化沥青	853	—	4.6	—	—	—	—

随着施工技术、材料的发展,各品种材料的构成比例从长期来看会发生一定变化,当技术标准、设计规范等发生改变时,需要对材料构成比例进行修正,以保证权重计取的准确性。

4.6 材料价格指数计算公式

1. 片(块)石价格指数计算公式

片(块)石属于综合价格指数,只会在路基工程中出现,其价格指数计算公式:

$$I = \frac{99.7 \times P_{11} + 0.3 \times P_{12}}{99.7 \times P_{01} + 0.3 \times P_{02}}$$

表 4.6 所示为片(块)石品种说明表。

表 4.6 片(块)石品种说明表

	P_{n1}	P_{n2}
$n = 0$	片石的基期预算价格	块石的基期预算价格
$n = 1$	片石的计算期预算价格	块石的计算期预算价格

2. 钢材价格指数的计算公式

钢材属于综合价格指数,其在路基工程、路面工程 I、路面工程 II、桥涵工程及隧道工程中不同品种钢材的使用比例各不相同，因此其价格指数计算公式也有区别。

路基工程中钢材价格指数的计算公式：

$$I_{jp} = \frac{28.6 \times P_{11} + 66.9 \times P_{12} + 1.7 \times P_{15} + 1.3 \times P_{17} + 0.9 \times P_{19}}{28.6 \times P_{01} + 66.9 \times P_{02} + 1.7 \times P_{05} + 1.3 \times P_{17} + 0.9 \times P_{09}}$$

桥涵工程中钢材价格指数的计算公式：

$$I_{qg} = \frac{14.7 \times P_{11} + 72.7 \times P_{12} + 7.1 \times P_{15} + 1.4 \times P_{17} + 2.5 \times P_{18} + 1.0 \times P_{19}}{14.7 \times P_{01} + 72.7 \times P_{02} + 7.1 \times P_{05} + 1.4 \times P_{07} + 2.5 \times P_{08} + 1.0 \times P_{09}}$$

隧道工程中钢材造价指数的计算公式：

$$I_{sg} = \frac{13.1 \times P_{11} + 51.2 \times P_{12} + 23.8 \times P_{17} + 3.7 \times P_{18} + 8.2 \times P_{19}}{14.7 \times P_{01} + 51.2 \times P_{02} + 23.8 \times P_{07} + 3.7 \times P_{08} + 8.2 \times P_{09}}$$

表4.7 所示为钢材品种说明表。

表 4.7　钢材品种说明表

	P_{n1}	P_{n2}	P_{n3}	P_{n4}	P_{n5}	P_{n6}
$n=0$	光圆钢筋的基期预算价格	带肋钢筋的基期预算价格	钢绞线的基期预算价格	型钢的基期预算价格	钢板的基期预算价格	钢管的基期预算价格
$n=1$	光圆钢筋的计算期预算价格	带肋钢筋的计算期预算价格	钢绞线的计算期预算价格	型钢的计算期预算价格	钢板的计算期预算价格	钢管的计算期预算价格

3.水泥价格指数的计算公式

路基工程中水泥的价格指数计算公式：

$$I_{jn} = \frac{99.2 \times P_{11} + 0.8 \times P_{12}}{99.2 \times P_{01} + 0.8 \times P_{02}}$$

路面工程 I 中水泥的价格指数计算公式：

$$I_{mn} = \frac{98 \times P_{11} + 2 \times P_{12}}{98 \times P_{01} + 2 \times P_{02}}$$

路面工程 II 中水泥的价格指数计算公式：

$$I_{tmn} = \frac{99.9 \times P_{11} + 0.1 \times P_{12}}{99.9 \times P_{01} + 0.1 \times P_{02}}$$

桥涵工程中水泥的价格指数计算公式：

$$I_{qn} = \frac{59.9 \times P_{11} + 36.8 \times P_{12} + 3.7 \times P_{13}}{59.9 \times P_{01} + 36.8 \times P_{02} + 3.7 \times P_{03}}$$

隧道工程中水泥的价格指数计算公式：

$$I_{sn} = \frac{97.9 \times P_{11} + 2.1 \times P_{12}}{97.9 \times P_{01} + 2.1 \times P_{02}}$$

表4.8所示为水泥品种说明表。

表 4.8 水泥品种说明表

	P_{n1}	P_{n2}	P_{n3}
$n=0$	32.5级水泥的基期预算价格	42.5级水泥的基期预算价格	52.5级水泥的基期预算价格
$n=1$	32.5级水泥的计算期预算价格	42.5级水泥的计算期预算价格	52.5级水泥的计算期预算价格

4. 碎(砾)石价格指数的计算公式

路基工程中碎(砾)石的价格指数计算公式：

$$I_{js} = \frac{6.5 \times P_{11} + 12.6 \times P_{12} + 3.3 \times P_{13} + 7 \times P_{14} + 69.3 \times P_{15}}{6.5 \times P_{01} + 12.6 \times P_{02} + 3.3 \times P_{03} + 7 \times P_{04} + 69.3 \times P_{05}}$$

路面工程 I 中碎(砾)石的价格指数计算公式：

$$I_{ms} = \frac{2.7 \times P_{12} + 70.1 \times P_{15} + 5.5 \times P_{16} + 5.6 \times P_{17} + 5.8 \times P_{18} + 2.9 \times P_{19} + 5.8 \times P_{113}}{2.7 \times P_{02} + 70.1 \times P_{05} + 5.5 \times P_{06} + 5.6 \times P_{07} + 5.8 \times P_{08} + 2.9 \times P_{09} + 5.8 \times P_{113}}$$

路面工程 II 中碎(砾)石的价格指数计算公式：

$$I_{tms} = \frac{5.3 \times P_{12} + 88.8 \times P_{15} + 1.2 \times P_{18} + 1.7 \times P_{19} + 0.9 \times P_{110}}{5.3 \times P_{02} + 88.8 \times P_{05} + 1.2 \times P_{08} + 1.7 \times P_{09} + 0.9 \times P_{110}}$$

桥涵工程中碎(砾)石的价格指数计算公式：

$$I_{qs} = \frac{33.2 \times P_{11} + 60.2 \times P_{12} + 5.2 \times P_{14} + 1.2 \times P_{15}}{33.2 \times P_{01} + 60.2 \times P_{02} + 4.2 \times P_{04} + 1.2 \times P_{05}}$$

隧道工程中碎(砾)石的价格指数计算公式：

$$I_{ss} = \frac{16.6 \times P_{11} + 73.9 \times P_{12} + 9.1 \times P_{14}}{16.6 \times P_{01} + 73.9 \times P_{02} + 9.1 \times P_{04}}$$

表 4.9 所示为碎石品种说明表。

表 4.9　碎石品种说明表

	P_{n1}	P_{n2}	P_{n3}	P_{n4}
$n=0$	碎石(2 cm)的基期预算价格	碎石(4 cm)的基期预算价格	碎石(6 cm)的基期预算价格	碎石(8 cm)的基期预算价格
$n=1$	碎石(2 cm)的计算期预算价格	碎石(4 cm)的计算期预算价格	碎石(6 cm)的计算期预算价格	碎石(8 cm)的计算期预算价格
	P_{n5}	P_{n6}	P_{n7}	P_{n8}
$n=0$	碎石的基期预算价格	石屑的基期预算价格	路面用碎石(1.5 cm)的基期预算价格	路面用碎石(2.5 cm)的基期预算价格
$n=1$	碎石的计算期预算价格	石屑的计算期预算价格	路面用碎石(1.5 cm)的计算期预算价格	路面用碎石(2.5 cm)的计算期预算价格
	P_{n9}	P_{n10}	P_{n11}	P_{n12}
$n=0$	路面用碎石(3.5 cm)的基期预算价格	路面用碎石(5 cm)的基期预算价格	路面用碎石(6 cm)的基期预算价格	砾石(8 cm)的基期预算价格
$n=1$	路面用碎石(3.5 cm)的计算期预算价格	路面用碎石(5 cm)的计算期预算价格	路面用碎石(6 cm)的计算期预算价格	砾石(8 cm)的计算期预算价格
	P_{n13}			
$n=0$	玄武岩的基期预算价格	—	—	—
$n=1$	玄武岩的计算期预算价格	—	—	—

5. 沥青价格指数的计算公式

路面工程 I 中沥青的价格指数计算公式：

$$I_{ml} = \frac{29.1 \times P_{11} + 66.3 \times P_{12} + 4.6 \times P_{13}}{29.1 \times P_{01} + 66.3 \times P_{02} + 4.6 \times P_{03}}$$

表 4.10 所示为沥青品种说明表。

表 4.10　沥青品种说明表

	P_{n1}	P_{n2}	P_{n3}
$n = 0$	石油沥青的基期预算价格	改性沥青的基期预算价格	乳化沥青的基期预算价格
$n = 1$	石油沥青的计算期预算价格	改性沥青的计算期预算价格	乳化沥青的计算期预算价格

第 5 章　公路工程材料价格指数调差方法

5.1　材料调差常见方法

5.1.1　公路工程材料特点

公路工程材料是公路建设的物质基础，主要包括钢材、水泥、沥青、砂石、水、电、油料等，按类别可分为主要材料、地方性材料、特殊材料和辅助材料。

①公路工程材料的数量大、品种多、规格繁多，既有大宗材料，又有零星材料，这就决定了材料的资源复杂，供应渠道和供应方式多样。

②工程材料的品种、规格及数量构成比例随工程对象而不同，反映了工程材料的多变性。

③由于工程项目的施工受季节性影响，各阶段用料的品种和数量都不相同，这就决定了材料消耗、供应和储备的不均衡性。

④由于公路工程施工点多、线长、面广、流动、分散，施工生产的流动性大，需要随着工程地点的改变而选择材料的供应和运输方式。

⑤由于工程项目施工周期较长，决定了材料储备数量较大，占用的材料资金较多。

5.1.2　公路工程材料价格特点

（1）时间性特点

由于公路工程材料的生产受到自然条件的限制，也受到市场经济的制约，因此公路工程材料价格是有时效性的，存在老化、过时，需要经常不断地收集和补充更新，才能真实反映材料价格的动态变化。

（2）特殊性特点

公路工程价格具有它的专业特殊性，如水电交安工程所需的建筑材料有它的特殊性，适合各自专业的需要。

（3）区域性特点

各地地理位置有平原、山区、丘陵的区别，资源分布差异大等原因，导致各个地方的经济发展不一样。因此，不同地区的公路工程材料价格对宏观经济的灵敏程度不一样，同一种建材价格在不同地区的采购价格会出现明显的差异性。

（4）随机性特点

随机性，并不是不承认规律性，而是规律性在较小的程度上表现出的一些随机现象的特点。在某一段不间断的时间内，在较短的时间限度上会表现有一般的随机和突变特性。例如在宏观上公路工程材料价格具有规律性，但是在具体的时间和地点，公路工程材料价格则经常表现出强烈的随机性。

（5）耦合性特点

同类别的公路工程材料价格在一定的时间和空间内形成一连串的信息，彼此不是孤立的而是联系的，存在一种耦合关系。

5.1.3　公路工程调差方法简介

国际通用的价差调整方法主要有三种，第一种是按照价格指数法进行人工或材料的价差调整，第二种是按照实际价格法进行人工或材料的价差调整，第三种是按照约定价格法对人工或材料的价差调整。

价格指数法，即调价公式法，它是按照合同中指定的标准或指数进行价差调整的。价格指数法能否正确有效地进行价差调整，首先需要得到的价格指数正确齐全。而价格指数一般是要根据合同中约定的机构名称和资料来源而发布的，这是价格指数法进行价差调整的基础。

实际价格法，即凭证法，它是在履约期间根据承包商提供的实际的人工或材料成本进行价差调整的一种方法。实际价格法承包商提供实际支付原始凭证，基本价格进行审核是由负责管理合同的咨询工程师负责，经审核后对其比较后予以调价。

约定价格法是根据已颁布或约定的价格水平进行相应的增减的方法。实际上，约定价格法是价格指数法的一种特殊方法，同时也是实际价格法的特殊方法。价差调整方法在不同的工程项目中针对具体特点选取具体的方法。价格指数法是以价差计算公式为基础，经过多次计算进行价差调整；实际价差调整法，是以材料的采购凭证来确定的，但是凭证搜集和价差调整计算复杂；较为简便的方法就是约定价格法，就需要合同双方的约定或协商是一致的。FDIC 合同条款明确规定了建议采用的方法是价格指数法和实际价格法。

5.2 材料调差管理现状

交通建设项目材料调差工作主要是从 2005 年开始的，这主要是由于市场经济波动幅度太大，各种大型项目的实施以及国家加快建设交通项目的政策，交通建设项目主要材料的需求量大幅度增加以及各种材料的价格也不断上升。为了进一步维护交通市场稳定和发展，指导我国各地区交通工程材料价差调整工作，湖南省、广东省等多省市开始了交通建设项目材料调差工作的研究，各地相关部门相应地颁布了一系列的指导意见。

湖南省交通厅关于公路工程材料价差调整工作从 2005 年印发的关于在建重点交通基础设施建设项目主要材料进行价格调整有关实施细则的通知(湘交基建字[2005]276 号)开始，到 2013 年印发的关于调整湖南省公路工程基础建设项目人工工日单价及税金的通知(湘交造价[2013]332 号)，相继印发了多条通知及指导意见，形成一整套相对比较完善的体系。广东、安徽、福建、甘肃等省市也相继印发了相关的指导意见和通知，各省市的交通项目的材料调差正处于改进与完善中，交通项目材料调差工作主要是公路工程的调差，水路工程材料调差大多数情况下都是借鉴公路工程项目的。

5.2.1 调差材料的计量工程量

交通建设项目的材料调差费用主要是由材料计量工程量乘以材料价差计算得来的，影响调差费用的要素主要就是材料计量工程量和材料价格。确定某一材料的计量工程量是材料调差的核心内容，必须与材料价差一一对应，而且还应属于招标文件规定的范围。确定调差材料的计量工程量主要通过批复的工程量清单乘以清单子目中定额材料单位消耗量计算。

5.2.2 调差材料的价格差价

在材料调差中主要调整的是材料价格，因为调差时材料的数量一般不变或变化不大，但材料价格随时都在变化。一般调差前都是采用某一基期的价格，但交通建设项目一般的工期都是一年以上，价格变化幅度较大，所以对价格进行调整就成了调差的重中之重。

5.2.3 风险幅度

材料调差主要是针对材料价格的变化进行相应的调整。一般各地区要首先确定材料价格涨幅的风险幅度，风险幅度上下业主补贴的比例不一样。譬如钢材价格涨幅在10%以内(含10%)部分业主补贴不超过30%，钢材价格涨幅在10%以上部分业主补贴不超过80%。当然，不同材料可能要求涨幅比例分界线不一样。具体比例由各项目业主根据项目执行情况适当的确定。

5.2.4 业主最大可承担补贴比例

材料调差要体现业主和施工方的双方利益，本着风险共担的原则。一般根据业主的实际可承担能力确定补贴的比例，不同类型的材料业主补贴比例不一样。譬如钢材价格涨幅在10%以内(含10%)部分业主补贴不超过30%，钢材价格涨幅在10%以上部分业主补贴不超过80%；C30混凝土以上所用的碎石，业主补贴不超过100%，C30以下混凝土所用碎石，业主补贴不超过60%。具体比例由各项目业主根据项目所在地经济情况适当确定。

5.3 材料价格指数调差的基本思路

在理论分析和实践调研的基础上，从当前湖南省公路工程材料调差管理中主管部门缺乏有效抓手这一现实背景出发，本研究从公路工程项目整体层面着手构建调差模型，以实现对建设资金的有效监管。

材料价格指数方法根据材料价格指数和材料造价权重进行材料调差计算，前期需要完成两项工作，一项是构建材料体系，计算材料；第二项是确定各类材料在工程造价中的权重。在此基础上，通过实际项目验算，对比项目实际调差金额和计算调差金额，对模型的实用性进行判定。湖南省材料价格指数调差模型构建思路如图 5.1 所示。

$$A = \sum_{j=1}^{m} \sum_{i=1}^{n} M_{ji} \times \frac{(I_{jit} - I_{ji0})}{I_{ji0}} \times Q_{ji} \times a$$

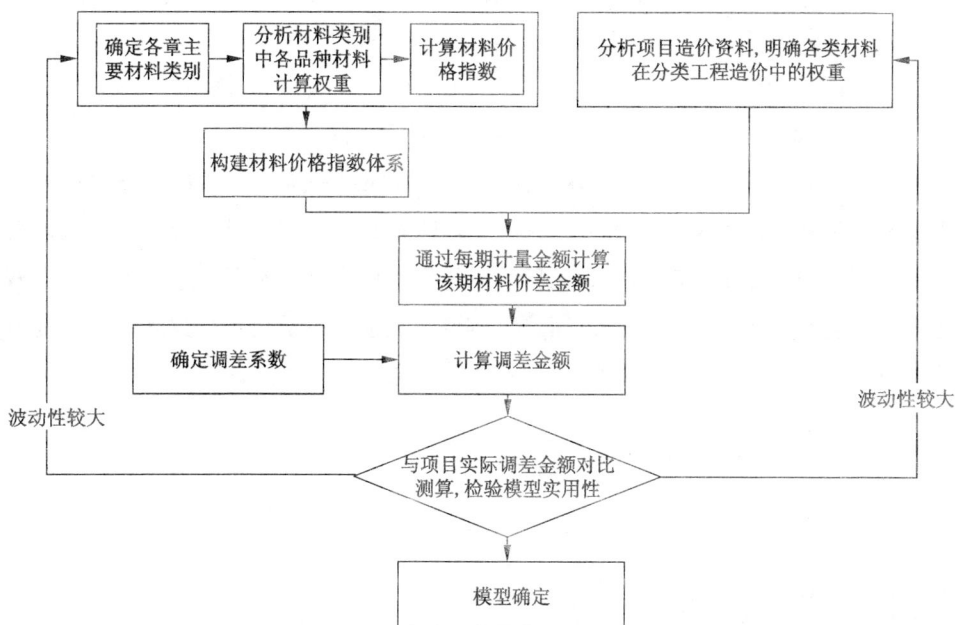

图 5.1　价格指数调差模型构建思路

5.4　材料价格指数调差模型

5.4.1　材料调差管理的基本要素

材料价差调整管理工作相当繁杂，涉及工程各参与方的切实利益，对工程建设市场的有序化发展产生深远影响。材料价差调整管理工作中，要着重关注以下三方面问题。

（1）材料价差

材料价差的确定是材料价差调整的基础，只有合理、准确计算出施工过程中因为材料价格波动引起的材料实际费用与预算费用的差距，才能为调差工作的公平、有效展开奠定基础。公路工程施工过程中，所需要的实际消耗材料与辅助材料种类庞杂，且在不同工程中、甚至在同一工程不同标段中其材料的品种类别都存在较大差异，在施工过程中材料的投入存在不均衡性，难以对其进行一一详细统计，因此，如何合理确定材料价差，是摆在材料价差调整管理工作中的第一个难题。

（2）调差系数

全球通用的工程合同文本如国际咨询工程师联合会编制的"FIDIC 合同条件"、英国土木工程师学会的"ICE 土木工程施工合同条件"、英国皇家建筑师学会的"RIBA/JCT 合同条件"，美国建筑师学会的"AIA 合同条件"都对材料调差工作进行了说明，其中风险共担是其共识，但具体如何分担，则各有不同。如何合理确定材料价差中业主和施工方的风险承担比例以保证工程的顺利进行、维护双方利益是材料价差调整管理中的第二个难题。当前，关于调差系数的确定主要有确定唯一调差系数、依据价格波动幅度设定阶梯调差系数两种。

（3）项目基期价格指数

项目基期价格指数即项目初始价格指数，一般采用开标前 28 d 所在期价格指数。

5.4.2　计算公式

一般价格指数法调差的原理是：确定一个不调差比例 A，参与调差的各因子造价权重为 $1-A$，如果价格变化导致各因子权重之和大于 $1-A$，则对大于 $1-A$ 部分进行补差。所以指数调差法是一个宏观概念，它不是针对某一个因子进行补差，而是针对全部因子的共同影响。项目初始时要对各类因子进行权重测算，以确定参与调差因子的权重之和为 $1-A$，并且各调差因子有权威部门发布的价格指数。

公路工程价差调整只针对部分主要材料，不同材料分别计算价差，且每类材料的补差标准有一定差异，将材料价差调整原则按价格指数法进行表达，材料调差金额计算式如下式：

$$A = \sum_{j=1}^{m} \sum_{i=1}^{n} M_{jt} \times \frac{(I_{jit} - I_{ji0})}{I_{ji0}} \times Q_{ji} \times a \qquad (4-1)$$

式：A 为材料当期调差金额；

　　M_{jt}——j 章当期计量金额（扣除不参与调差的金额）；

　　I_{jit}——j 章 i 材料当期价格指数；

I_{ji0}——j 章 i 材料项目初期价格指数，即项目招标开标前 28 天所在期材料价格指数；

Q_{ji}——j 章 i 材料的造价权重；

α——风险幅度（调差系数）；

m——除 100 章外的清单章数；

n——调差材料类别数。

不参与调差的金额指按工程实施期间造价站发布的材料信息价格编制的新增单价或变更单价计量金额。

5.4.3　材料造价权重计算依据及修正措施

材料造价权重的计算资料包括清单预算价、招标控制价、合同价等，不同价格体系对应的作用不同，由此带来不同价格基础上计算的材料造价权重存在较大差异。原则上来说，材料造价权重的计算值与工程实施过程中的实际值应保持一致，但在实际操作过程中，因为各标段招投标时间不一致，合同价受到市场竞争激烈程度、投标者心态等多因素影响具有不确定性，基于招标控制价的材料造价权重是当前数据条件下最能反映造价权重实际情况的值。如没有招标控制价造价数据，可依据清单预算进行材料造价权重分析，并通过修正系数对造价权重进行纠偏处理。修正系数通过合理定价基于清单预算的降幅历史数据确定。

以 5 条高速公路交通安全设施清单预算与合理定价为样本进行分析，得出交通安全设施依据清单预算计算的材料造价权重修正系数为 1.09，如表 5.1 所示。

表 5.1　交通安全设施清单预算与合理定价的对比

	A 高速	B 高速	C 高速	D 高速	E 高速	合计	修正系数
清单预算①	47101957	157044206	68730310	97425394	149531761	519833628	
合理定价②	42775621	14391316	62438508	90107899	136745573	475981317	1.09
②/①	0.914	0.916	0.912	0.934	0.914	0.914	

以 6 条高速公路专业路面工程（路面工程Ⅰ）清单预算与合理定价为样本进行统计分析，得出路面工程Ⅰ依据清单预算计算的材料造价权重修正系数为 1.08，如表 5.2 所示。

表 5.2　路面工程 I 清单预算与合理定价的对比

	A 高速	B 高速		F 高速			
		30 标	31 标	31 标	32 标	33 标	34 标
清单预算①	233992681	411776706	245712221	258234026	201107608	225138439	208122614
合理定价②	215275616	379602041	226499172	239674708	186669377	208734446	192966959
②/①	0.92	0.92	0.92	0.93	0.93	0.93	0.93

J 高速	I 高速					K 高速	合计	修正系数
	LM1 标	LM2 标	LM3 标	LM4 标	LM5 标			
281183975	222751386	182560288	172138404	156351341	167976676	98377718	3065424083	
261790163	205301334	168645603	159176165	144874820	155652186	91180659	2836043249	1.08
0.93	0.92	0.92	0.92	0.93	0.93	0.93	0.925	

　　对 7 个项目共 70 个标段各分类工程清单预算价与合理定价进行对比分析，得到的统计结果如图 5.2 ~ 图 5.5 所示。

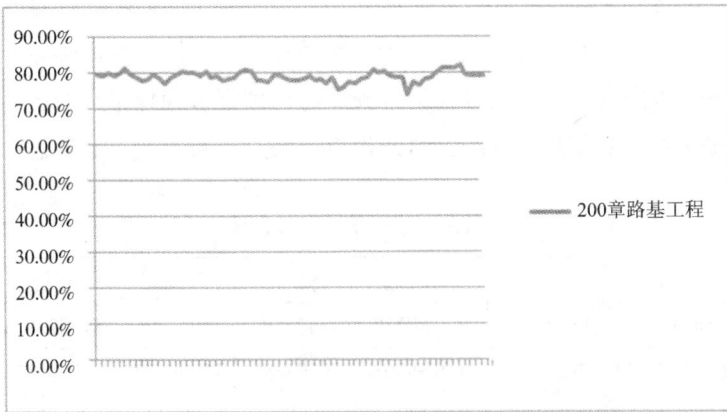

图 5.2　路基工程合理定价与清单预算价比值分布

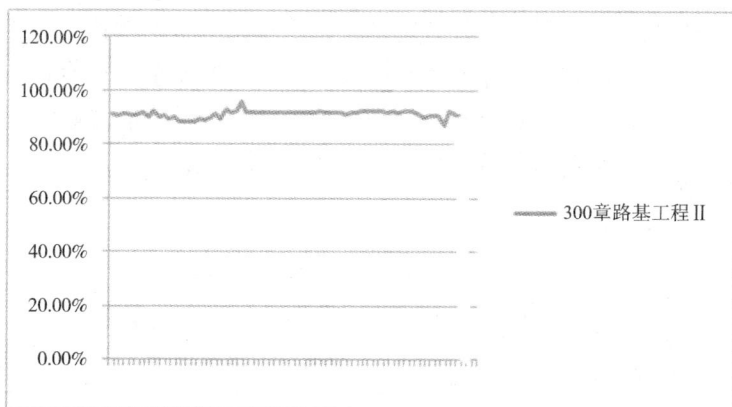

图 5.3　路面工程 II 合理定价与预算价比值分布

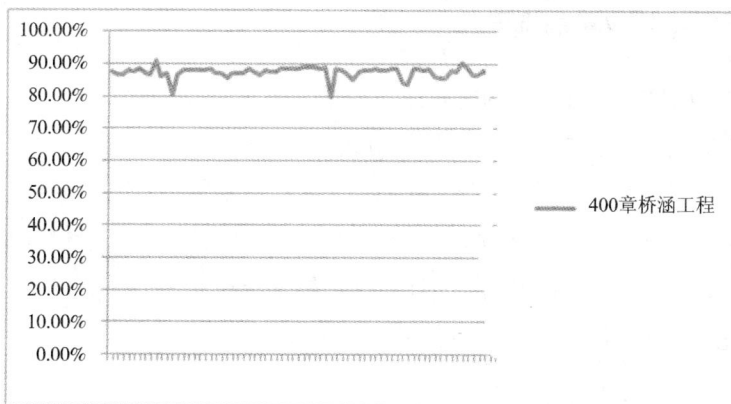

图 5.4　桥涵工程合理定价与预算价比值分布

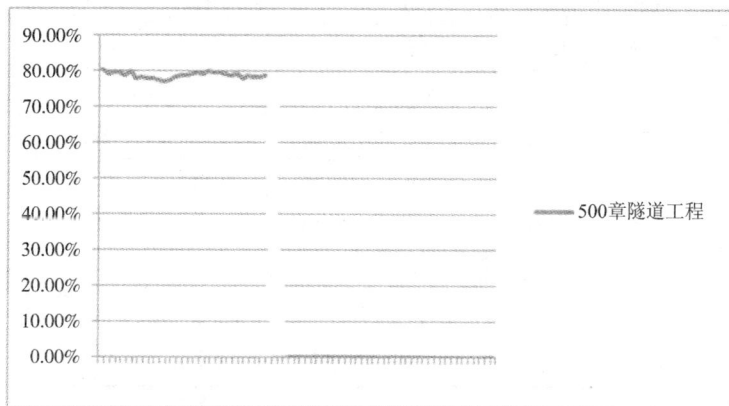

图 5.5　隧道工程合理定价与预算价比值分布

由以上各图可见，各分类工程合理定价与清单预算价的比值分布比较均衡，路基工程在80%左右，路面工程Ⅱ在91%左右，桥涵工程在88%左右，隧道工程集中在80%，在剔除异常值后计算得到清单预算价与合理定价的平均比值，作为清单预算价基础上计算的材料造价权重修正系数，如表5.3所示。

表5.3　造价权重修正系数（基于清单预算）

工程类型	路基工程	路面工程Ⅰ	路面工程Ⅱ	桥涵工程	隧道工程	交通安全设施
修正系数	1.27	1.08	1.10	1.14	1.27	1.09

5.4.4　材料造价权重的选取

（1）同一项目不同价格下的材料造价权重分析

对材料造价权重影响因素进行统计分析发现，材料造价权重不仅与工程地形地貌、地质条件等有关，更受到材料价格、人工单价及机械台班费用波动的影响，且由此带来的影响趋势和幅度难以衡量。将A工程在不同人工、材料价格水平下（分别对应2010年7月和2016年3月的材料信息价和人工指导价）的材料造价权重进行对比，发现不同价格水平下的材料造价权重存在明显差异。

表5.4　A高速路基工程材料费权重（2010年07月）/%

	1标	2标	3标	4标	5标	6标	平均
柴油	26.50	22.85	21.48	27.01	22.43	24.70	24.16
水泥	2.60	7.62	5.19	2.98	6.51	2.65	4.59
中（粗）砂	2.76	3.13	2.73	3.18	2.84	2.79	2.91
碎（砾）石	0.83	0.53	0.50	0.86	0.95	0.56	0.71
片（块）石	3.29	4.49	3.10	3.30	3.38	3.30	3.48
钢材	1.06	0.99	1.12	0.69	1.51	0.96	1.06
合计	37.04	39.61	34.12	38.02	37.62	34.96	36.90
其他	15.03	14.00	14.58	17.47	14.09	13.72	14.82

表5.5　A高速路基工程材料费权重(2016年03月)/%

	1标	2标	3标	4标	5标	6标	平均
柴油	16.50	13.43	13.80	16.01	13.86	15.64	14.87
水泥	1.78	4.94	3.68	1.95	4.43	1.85	3.11
中(粗)砂	2.34	2.50	2.38	2.56	2.39	2.40	2.43
碎(砾)石	0.97	0.61	0.61	0.94	1.11	0.68	0.82
片(块)石	4.29	5.53	4.18	4.10	4.38	4.37	4.48
钢材	0.80	0.50	0.61	0.34	0.79	0.52	0.59
合计	26.68	27.51	25.26	25.90	26.96	25.46	26.30
其他	11.95	10.67	12.21	13.86	11.00	11.05	11.79

材料造价权重在人工单价、材料价格变化下很不稳定,如A项目在不同价格水平下,材料造价权重发生了较大变化,综合降幅达28%。材料费造价权重不稳定意味着如果以某一时期的材料费造价权重作为各建设项目的代表值是可行的,随着时间的推移,由于人工单价、材料价格及机械台班价格变化,这个代表值变得不适用于新开工的建设项目,必须对这个代表值进行修正,而修正之后的代表值又不适用于前期开工建设的项目。

(2)不同项目在相同地形条件下同类工程材料造价权重分析

山岭重丘区十个样本项目的路基工程材料造价权重分析如表5.6、表5.7所示。

表5.6　山岭重丘区路基工程中材料造价权重分析/%

	I	A	C	B	L	E	D	M	F	N	平均	标准差	变异系数
柴油	22	23.16	22.25	16.74	24.97	19.28	21.91	25.96	21.33	24.42	22.20	2.73	12.28%
水泥	4.32	5.01	6.23	3.69	3.21	3.48	9.24	3.53	5.7	2.73	4.71	1.95	41.33%
中(粗)砂	4.18	2.84	3.78	2.54	4.18	3.41	2.59	2.76	3	2.68	3.20	0.64	20.18%
碎(砾)石	2.91	0.63	5.07	13.25	5.88	1.16	0.82	1.51	3.87	4.08	3.92	3.76	95.92%
片(块)石	5.11	3.46	6.13	5.5	5.32	2.98	9.31	3.64	4.28	2.57	4.83	1.96	40.63%
钢材	2.01	1.11	1.6	1.67	1.67	2.95	1.06	2.58	6.35	1.89	2.29	1.54	67.35%

表5.7　山岭重丘区桥涵工程中材料造价权重变异性分析/%

	I	A	C	B	L	E	D	M	F	N	平均	标准差	变异系数
钢材	36.35	39.24	38.06	37.85	29.97	39.52	38.84	27.96	38.36	31.02	35.72	4.34	12.14%
水泥	9.48	8.74	11.3	9.04	9.94	7.43	9.56	8.94	9.72	9.56	9.37	0.98	10.50%
中(粗)砂	2.65	2.84	2.24	2.19	4.19	2.13	2.51	3.25	2.26	4.75	2.90	0.90	31.19%
碎(砾)石	3.13	3.01	4.02	3.88	4.71	1.89	4.29	3.27	3.58	3.71	3.55	0.79	22.13%
柴油	1.34	1.32	1.31	1.05	1.79	0.96	1.3	1.53	1.38	1.55	1.35	0.24	17.66%
以上合计	52.96	55.14	56.93	54.02	50.59	51.93	56.51	44.95	55.13	50.58	52.87	3.58	6.77%

在数理统计中，变异系数小于15%，认定变异性小，其均值具有代表性；变异系数大于15%，认定离散度大，其均值没有代表性。以上分析结果表明，指数材料的造价总权重变异系数小于15%，但不同类别材料的造价权重变异性较大，均值没有代表性。

(3)同一项目各标段材料造价权重分析

以I高速、B高速为例，各标段材料造价权重分析如表5.8、表5.9所示。

表 5.8　Ⅰ高速公路各标段材料造价权重 %

	1标	2标	3标	4标	5标	6标	7标	8标	9标	10标	11标	12标	13标	14标	15标	16标	17标	18标	19标	20标	21标	22标	加权平均	变异系数
200 章　路基																								
柴油	18.29	20.46	25.12	16.26	21.83	13.64	21.27	22.19	14.45	24.00	20.37	19.60	19.33	22.50	23.90	24.76	9.27	27.89	25.79	24.79	24.87	19.87	22.00	20.42%
水泥	5.12	8.64	3.19	6.13	3.25	3.23	5.10	4.44	3.62	4.06	5.12	4.13	5.98	2.39	2.98	3.39	4.41	2.28	2.86	3.66	3.79	6.73	4.32	35.72%
中(粗)砂	5.32	10.15	3.13	5.60	2.97	3.06	4.76	4.42	3.62	4.27	5.10	3.82	5.97	1.67	2.16	2.69	4.01	1.77	2.26	3.39	3.46	6.75	4.18	45.94%
碎(砾)石	2.28	1.32	10.03	10.42	1.48	0.44	2.11	1.24	1.35	1.80	1.73	4.09	3.54	4.79	5.19	1.02	3.38	4.13	1.68	2.92	1.62	0.10	2.91	92.82%
片(块)石	9.56	5.99	3.83	8.67	5.93	4.50	7.61	4.31	5.00	3.78	5.29	5.74	6.27	1.91	2.60	3.45	5.76	2.12	2.99	4.85	5.17	10.76	5.11	44.97%
钢材	1.39	0.75	1.17	0.87	0.89	0.91	1.35	2.24	0.52	1.85	2.50	0.82	1.89	3.34	5.89	6.35	2.48	2.92	2.35	1.64	1.77	0.10	2.01	77.92%
合计	41.96	47.31	46.46	47.94	36.34	25.78	42.21	38.85	28.57	39.77	40.11	38.20	42.98	36.59	42.72	41.67	29.31	41.12	37.94	41.25	40.67	44.31	40.53	14.10%
其它	22.89	16.34	11.80	17.37	22.71	43.65	20.06	20.89	36.99	17.50	20.50	19.38	14.38	14.62	16.82	14.30	25.04	15.44	20.87	20.09	16.68	8.90	19.07	40.34%
300 章　路面																								
碎(砾)石	57.09	57.58	54.10	55.10	55.76	60.55	60.85	54.94	35.81	58.55	56.18	55.05	35.41	60.23	56.43	61.08	63.08	59.82	58.84	50.81	55.00	35.33	47.27	19.13%
水泥	22.07	22.45	22.42	26.67	22.82	19.46	22.06	22.95	30.24	21.20	21.35	22.51	29.40	22.15	23.75	21.94	25.53	22.60	23.26	24.52	24.46	26.55	24.78	10.59%
柴油	5.88	6.13	6.38	4.31	5.23	5.76	5.40	5.18	4.93	6.56	5.84	5.07	5.68	5.97	5.52	5.96	4.21	5.94	5.75	5.72	5.24	5.03	5.39	11.04%
中(粗)砂	1.31	0.89	1.51	6.50	1.44	0.46	1.25	1.64	6.69	0.59	1.08	1.32	6.25	0.45	1.49	0.74	0.28	0.61	1.01	2.84	1.94	6.47	3.55	61.28%
以上合计	86.35	87.05	84.40	72.74	85.26	86.23	85.56	84.71	77.68	86.91	84.45	83.95	76.74	88.80	87.18	89.72	93.10	88.97	88.86	83.89	86.64	73.38	80.99	6.37%
其它	1.99	2.14	3.27	12.60	2.79	3.16	2.48	2.41	8.76	2.38	3.06	2.81	7.80	1.17	1.56	0.87	0.17	1.46	1.06	4.21	1.74	12.41	6.14	57.06%
400 章　桥涵																								
钢材	35.74	39.26	35.18	29.23	41.53	38.79	36.83	36.02	34.74	35.92	37.12	31.37	29.58	36.70	34.47	6.61	36.91	36.25	36.99	30.13	38.47	28.00	36.35	19.34%

续表 5.8

	1标	2标	3标	4标	5标	6标	7标	8标	9标	10标	11标	12标	13标	14标	15标	16标	17标	18标	19标	20标	21标	22标	加权平均	变异系数
水泥	10.28	10.03	9.98	10.79	8.64	8.38	9.35	9.90	9.06	9.11	9.33	11.43	9.58	9.34	9.76	15.27	9.02	9.10	9.03	11.80	9.06	9.39	9.48	15.47%
中(粗)砂	3.07	2.80	3.09	3.37	2.26	2.32	2.56	2.85	2.67	2.57	2.56	3.52	2.95	2.50	2.66	5.49	2.31	2.35	2.40	3.96	2.55	3.41	2.65	27.50%
碎(砾)石	3.55	3.47	3.39	3.85	2.87	2.57	2.94	3.27	2.85	2.98	3.13	3.98	3.34	3.00	3.19	6.34	2.84	2.89	2.94	4.25	2.97	3.50	3.13	24.99%
柴油	1.58	1.64	1.71	2.05	1.28	0.93	1.25	1.32	1.45	1.65	1.03	1.90	1.17	1.14	1.29	4.52	1.06	1.27	1.26	1.66	1.29	1.55	1.34	53.96%
以上合计	54.22	57.20	53.36	49.29	56.58	52.99	52.93	53.36	50.77	52.24	53.17	52.19	46.61	52.68	51.39	38.24	52.15	51.85	52.62	51.80	54.34	45.85	52.96	7.47%
其它	11.07	9.91	10.29	11.72	10.78	12.95	11.87	11.72	12.84	12.71	11.58	11.34	13.46	12.10	12.39	10.49	12.52	12.45	13.62	12.67	12.13	15.78	12.03	10.69%

500章 隧道

	1标	2标	3标	4标	5标	6标	7标	8标	9标	10标	11标	12标	13标	14标	15标	16标	17标	18标	19标	20标	21标	22标	加权平均	变异系数
钢材																15.94	15.27					18.72	15.89	11.51%
水泥																12.37	12.17					10.13	12.22	10.14%
中(粗)砂																3.20	3.41					3.73	3.28	8.14%
碎(砾)石																3.63	3.85					4.05	3.70	5.68%
柴油																3.86	4.18					3.55	3.92	8.04%
以上合计																38.99	38.87					40.18	39.01	1.86%
其它																27.58	26.35					25.15	27.16	4.47%

表 5.9　B 高速公路各标段材料造价权重/%

	1标	2标	3标	4标	5标	6标	7标	8标	9标	10标	11标	12标	13标	14标	15标	加权平均	变异系数
200章　路基																	
柴油	16.65	18.69	17.99	13.50	16.96	17.66	19.24	18.54	16.76	19.80	14.80	16.83	15.78	12.87	13.13	16.74	13.17%
水泥	7.31	2.94	3.05	3.17	3.23	2.51	3.03	2.89	2.77	2.40	3.53	3.77	3.35	4.23	4.89	3.69	33.25%
中(粗)砂	3.43	2.36	2.55	2.73	2.50	1.83	2.16	2.25	2.07	1.85	2.51	2.47	2.25	3.13	3.42	2.54	19.63%
碎(砾)石	5.24	12.20	9.74	12.57	10.13	19.00	14.91	20.07	19.37	14.79	10.81	8.06	18.55	19.97	13.37	13.25	35.48%
片(块)石	7.75	4.92	5.98	6.10	5.27	4.05	4.76	5.22	4.48	4.14	5.05	4.97	4.41	6.63	7.40	5.50	20.67%
钢材	0.75	2.02	1.31	0.76	2.28	0.96	1.80	0.72	0.89	1.07	2.41	3.85	2.74	1.52	2.13	1.67	53.96%
合计	41.15	43.13	40.61	38.83	40.37	46.00	45.90	49.69	46.34	44.05	39.12	39.96	47.07	48.34	44.33	43.38	8.09%
其它	27.19	21.60	21.03	34.45	29.11	21.87	22.60	20.14	24.09	20.38	24.74	19.36	16.60	19.87	17.78	22.78	20.41%
300章　路面																	
碎(砾)石	47.13	55.45	52.69	59.36	57.82	51.15	49.68	56.74	55.69	58.24	53.94	53.15	56.30	52.15	54.05	53.76	6.25%
水泥	17.26	12.86	11.99	13.29	10.81	12.45	18.81	14.42	15.37	15.16	15.33	15.17	16.56	17.15	16.82	15.31	14.72%
柴油	2.63	3.35	3.04	3.40	3.47	3.25	3.04	3.68	3.71	3.55	3.82	3.81	4.03	3.88	3.64	3.41	11.07%
中(粗)砂	2.15	1.16	0.77	0.75	0.68	0.35	1.97	0.39	0.66	0.33	0.57	0.48	0.74	1.15	0.86	1.02	53.49%
以上合计	69.17	72.81	68.49	76.81	72.78	67.20	73.50	75.24	75.44	77.28	73.66	72.61	77.63	74.34	75.37	73.50	4.28%
其它	13.00	9.99	8.39	7.92	5.46	14.19	7.09	6.98	8.28	5.33	9.99	9.40	6.88	8.94	7.85	8.77	28.06%
400章　桥涵																	
钢材	33.51	39.75	38.18	37.09	40.00	39.18	34.52	37.67	39.59	34.29	36.91	38.70	36.06	39.54	35.45	37.85	5.75%

续表 5.9

	1标	2标	3标	4标	5标	6标	7标	8标	9标	10标	11标	12标	13标	14标	15标	加权平均	变异系数
水泥	9.42	8.48	8.63	9.01	8.13	8.12	10.69	9.52	7.77	9.76	10.06	9.81	10.77	8.92	10.42	9.04	10.62%
中(粗)砂	2.65	2.13	2.13	2.46	1.78	1.77	2.84	2.33	1.76	2.59	2.47	2.20	2.54	1.99	2.47	2.19	15.61%
碎(砾)石	4.34	3.50	3.60	3.90	3.32	3.29	5.57	4.40	3.24	4.80	4.39	4.10	4.58	3.57	4.44	3.88	17.08%
柴油	1.11	0.88	0.89	1.11	0.84	0.85	1.40	1.12	0.93	1.46	1.20	1.09	1.25	1.09	1.48	1.05	20.46%
以上合计	51.03	54.73	53.43	53.57	54.07	53.22	55.03	55.04	53.29	52.90	55.04	55.89	55.20	55.11	54.26	54.02	2.29%
其它	12.92	11.41	12.45	13.47	12.37	12.25	9.92	10.17	12.88	12.03	12.72	11.45	10.59	10.99	10.55	11.93	9.28%

　　I 高速公路土建工程 22 个标段、B 高速公路土建工程 15 个标段中,除了隧道工程材料造价权重变异系数小于 15% 以外,其他工程的材料造价权重变异系数普遍大于 15%,离散性较大,均值没有代表性。以直观数据为例:路基工程中,I 高速项目的柴油造价权重平均为 22%,18 标最高 27.89%,17 标最低 9.27%;B 高速项目的柴油造价权重平均为 16.74%,10 标最高 19.8%,15 标最低 13.13%。

　　(4)材料造价权重的选取

　　通过以上分析,为保证材料调差计算结果的准确性,各个建设项目不宜采用统一的材料造价权重进行材料调差计算,同时同一项目各个标段也不宜采用项目的平均材料造价权重进行材料调差计算。因而对项目的材料调差计算,建议采用各项目的实际材料造价权重,即项目各标段的平均加权造价权重;项目对各标段材料调差计算,建议采用标段的实际材料造价权重。

第6章 公路工程材料价格指数调差应用

6.1 材料价格指数调差模型测算

6.1.1 测算说明

为检验材料价格指数调差法在实际应用中的平稳性和适用性,以多条已完工高速公路为样本进行算例计算,并将计算结果与工程实施中应用实物量法计算的结果进行对比。由于调差管理工作的复杂性,对比结果仅能说明两种方法在计算中存在的差异性,并不作为方法准确性评价的唯一标准。考虑建设方在调差系数的选取上存在一定的自主空间,本次主要采用价差金额进行对比分析,同时对两种计算方法下的材料调差金额进行对比,调差系数的计取时简单采用价格上涨10%及以内,调差系数取0.3,超出10%部分,调差系数取0.8)。

计算的基础数据包括样本项目材料权重、项目各标段各分类工程各期计量金额、基期价格指数、计量当期价格指数(各项目独立计算)。

计算流程如图6.1所示。

其中,以批复的清单预算中材料单价作为计算材料基期价格指数的数据来源,以计量当期交通造价站发布的材料预算价格作位计算材料当期价格指数的来源。

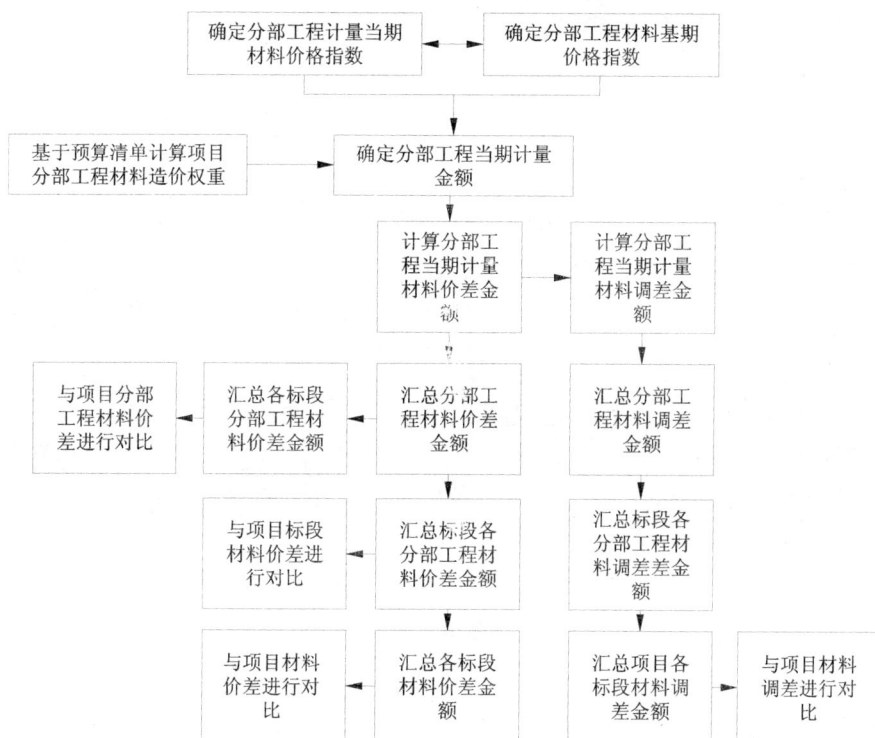

图 6.1　算例计算流程图

6.1.2　测算项目材料造价权重计算

基于项目招标控制价计算得到的样本项目材料基础造价权重如表 6.1 所示。

表 6.1　测算项目材料造价权重/%

	I	B	L	E	K	D	J	平均
路基工程								
柴油	22	16.74	24.97	19.28	11.65	21.91	18.08	20.64
水泥	4.32	3.69	3.21	3.48	1.99	9.24	2.79	4.28
中(粗)砂	4.18	2.54	4.18	3.41	1.23	2.59	1.93	2.9
碎(砾)石	2.91	13.25	5.88	1.16	0.02	0.82	1.4	3.67
片(块)石	5.11	5.5	5.32	2.98	5.44	9.31	4.67	4.56

续表6.1

	I	B	L	E	K	D	J	平均
钢材	2.01	1.67	1.67	2.95	0.04	1.06	0.67	1.86
路面工程 II								
碎(砾)石	47.27	53.76	36.13	47.26	49.08	76.58	49.73	53.23
水泥	24.78	15.31	25.82	19.09	15.84	14.72	16.48	18.62
柴油	5.39	3.41	4.47	6.25	4.61	4.89	5.02	4.89
中(粗)砂	3.55	1.02	8.47	0.67	0.5	0.67	1.09	2.26
桥涵工程								
钢材	36.35	37.85	29.97	39.52	39.75	38.84	41.27	35.75
水泥	9.48	9.04	9.94	7.43	10.44	9.56	9.28	9.41
中(粗)砂	2.65	2.19	4.19	2.13	1.76	2.51	1.88	2.79
碎(砾)石	3.13	3.88	4.71	1.89	3.6	4.29	3.55	3.59
柴油	1.34	1.05	1.79	0.96	1.76	1.3	1.33	1.39
隧道工程								
钢材	15.89		15.22	21.43		21.11		17.08
水泥	12.22		11.18	7.39		11.29		10.76
中(粗)砂	3.28		6.51	2.8		3.75		4.22
碎(砾)石	3.7		5	1.88		5.42		4.29
柴油	3.92		4.67	3.18		3.79		4.1
路面工程 I								
石油沥青	43.71	42.31					43.52	44.32
碎(砾)石	17.54	22.71					21.05	20.46
水泥	6.96	6.79					7.82	5.76
砂	2.12	2.04					1.28	1.59
重油	2.61	1.52					3.15	2.81
柴油	1.63	1.69					2.66	2.25

注：为保证计算结果的准确性，材料造价权重计算的标段样本与下文计算结果对比的标段样本保持一致。

6.1.3 计算结果整体情况对比

两种计算方法下的结果情况对比如表 6.2 及图 6.2 所示。

表 6.2 整体情况对比/%

项目名称	项目价差金额 ①/元	计算价差金额 ②/元	比例/% ③=②/①	项目调差金额 ①/元	计算调差金额 ②/元	比例/% ③=②/①
I	158390246	178972220	112.99	142211107	108749933	76.47
B	134107880	132669468	98.93	90065802	79459749	88.22
F	176675124	160783976	91.01	107680732	110132637	102.28
J	73661186	64143390	87.08	44533831	41381322	92.92
D	161437900	175843428	108.92	103933514	117220777	112.78
E	174395170	180747719	103.64	111261629	102518787	92.14
K	11424482.9	11680113	102.24	/	/	/
合计	890091989	904840315	101.66	599686614	559463205	93.29

注：L 项目尚未统计项目价差和调差金额，故在整体情况对比中没有纳入，则全部标段数量为 56 个。

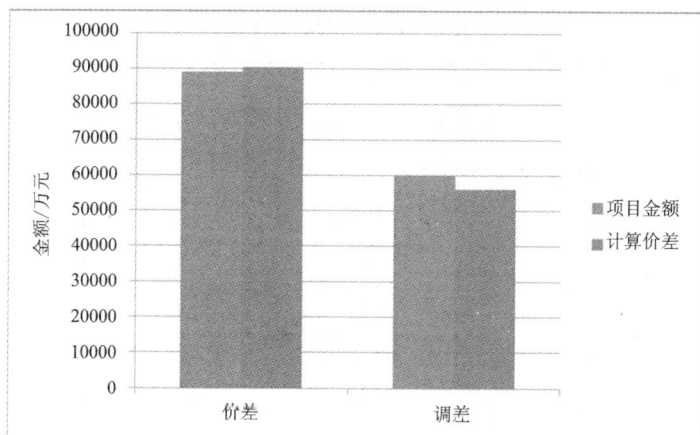

图 6.2 整体情况对比

从总体上来看，指数法计算的价差结果与当前实物量法计算的价差结果基本一致，调差金额则因为调差系数确定的复杂性而存在一定差异，但吻合程度亦达到 92.39%。但从具体项目来看，两种方法计算出来的结果还是存在一定的离散性，如图 6.3 所示。

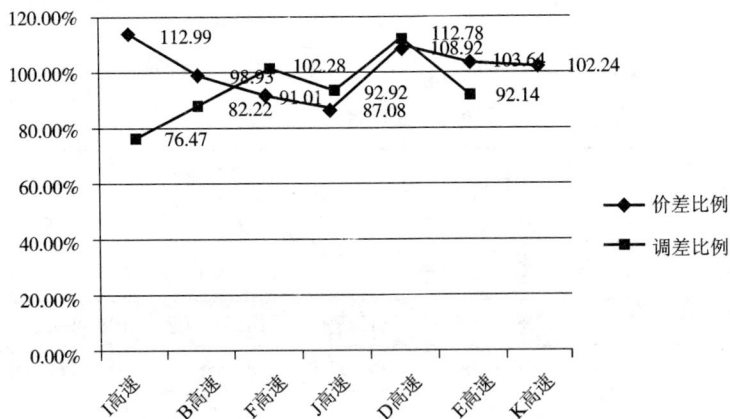

图 6.3　项目层面对比

价差金额比例最低为 87.08%，最高为 112.99%，与项目价差金额的拟合程度较高。

各标段详细对比情况如表 6.3 所示。

表 6.3　详细情况对比

项目名称	项目标段	合计			合计		
		项目价差金额①/元	计算价差金额②/元	比例③=②/①	项目调差金额①/元	计算调差金额②/元	比例③=②/①
I 高速	1	17151593	19194808	111.91%	16063001	11648838	72.52%
	2	28701854	21674671	75.52%	23904131	13280107	55.56%
	3	15884375	19210778	120.94%	14615111	11569960	79.16%
	4	8247939	12470140	151.19%	6822463	7429768	108.90%
	5	20182026	26460780	131.11%	18425333	16085258	87.30%
	6	15789161	17084974	108.21%	14066151	10242252	72.81%
	7	12861384	19820236	154.11%	11649488	12474084	107.08%
	8	15278959	17246122	112.87%	13225353	10347794	78.24%
	9	4995957	6347354	127.05%	5579110	4194231	75.18%
	10	19296999	19462356	100.86%	17860966	11477641	64.26%
	合计	158390246	178972220	112.99%	142211107	108749933	76.47%

续表 6.3

项目名称	项目标段	合计			合计		
		项目价差金额①/元	计算价差金额②/元	比例③=②/①	项目调差金额①/元	计算调差金额②/元	比例③=②/①
B 高速	1	13824747	14644351	105.93%	11601873	8896839	76.68%
	2	17690405	16013279	90.52%	13152237	9977942	75.86%
	3	16768788	15785825	94.14%	10911817	9581925	87.81%
	4	12149106	12988581	106.91%	9689172	8096068	83.56%
	5	14283356	15302019	107.13%	6310501	8605072	136.36%
	6	13920920	13836083	99.39%	6384756	8273587	129.58%
	7	7343860	6953859	94.69%	5816354	4206417	72.32%
	8	10875967	10399755	95.62%	7734930	6132270	79.28%
	9	17412239	17572417	100.92%	9547683	10200612	106.84%
	10	9838491	9173300	93.24%	8916481	5489016	61.56%
	合计	134107880	132669468	98.93%	90065802	79459749	88.22%
F 高速	1	19106982	16911158	88.51%	13391342	10604970	79.19%
	2	17505152	16183467	92.45%	10260658	10582837	103.14%
	3	19317121	16427838	85.04%	10628481	10303397	96.94%
	4	15711159	14508092	92.34%	8053308	9800539	121.70%
	5	14091768	13116866	93.08%	9127081	9003737	98.65%
	6	15532944	15746407	101.37%	8086745	12562529	155.35%
	7	17861210	10578731	59.23%	12020833	6671366	55.50%
	8A	8938427	4335030	48.50%	4472671	2746175	61.40%
	8B	17859100	18126157	101.50%	11803163	12482070	105.75%
	9	13632957	17046969	125.04%	9208322	12113793	131.55%
	10	17118302	17803261	104.00%	10628128	13261224	124.77%
	合计	176675124	160783976	91.01%	107680732	110132637	102.28%
J 高速	A1	16275890	13340923	81.97%	9746323	8333280	85.50%
	A2	23761211	18890029	79.50%	14511244	12224234	84.24%
	A3	14782571	13688262	92.60%	9201906	9213916	100.13%
	A5	18841514	18224175	96.72%	11074357	11609892	104.84%
	合计	73661186	64143390	87.08%	44533831	41381322	92.92%

续表6.3

项目名称	项目标段	合计			合计		
		项目价差金额①/元	计算价差金额②/元	比例③=②/①	项目调差金额①/元	计算调差金额②/元	比例③=②/①
D 高速	1	10479794	12497065	119.25%	6595605	8603284	130.44%
	2	11974405	9947008	83.07%	7782099	6824297	87.69%
	3	21088093	15774070	74.80%	13580583	10568382	77.82%
	4	16562544	17826811	107.63%	10746338	11833949	110.12%
	5	16791073	20166004	120.10%	10891849	13468910	123.66%
	6	19073922	13431450	70.42%	12395950	8912986	71.90%
	7	16208510	19281008	118.96%	10302185	12725818	123.53%
	8	10896682	17708898	162.52%	7189647	12029194	167.31%
	9	10092875	12431957	123.18%	6411013	8069210	125.86%
	10	7728839	13098701	169.48%	5040007	9000538	178.58%
	11	10158973	11398613	112.20%	6388737	7390606	115.68%
	12	10382189	12281843	118.30%	6609500	7793602	117.92%
	合计	161437900	175843428	108.92%	103933514	117220777	112.78%
E 高速	1	20445371	23884387	116.82%	13176511	14557625	110.48%
	2	17106224	21624833	126.41%	11248317	12874916	114.46%
	3	14734106	15763751	106.99%	9357165	9244676	98.80%
	4	15309354	13877631	90.65%	9688448	7793691	80.44%
	5	23536686	17983963	76.41%	14764421	10473618	70.94%
	6	19846285	19033226	95.90%	12708480	10138318	79.78%
	7	18649909	18475312	99.06%	11955492	10278298	85.97%
	8	15408978	18260050	118.50%	9794598	9399905	95.97%
	9	10533060	12973909	123.17%	6596190	6146894	93.19%
	10	18825197	18870658	100.24%	11972008	11610845	96.98%
	合计	174395170	180747719	103.64%	111261629	102518787	92.14%
K 高速	1	4986459	5642407	113.15%	/	/	/
	2	6438023	6037706	93.78%	/	/	/
	合计	11424483	11680113	102.24%	/	/	/

对标段价差金额比例和调差金额比例进行统计分析，如图 6.4 所示。

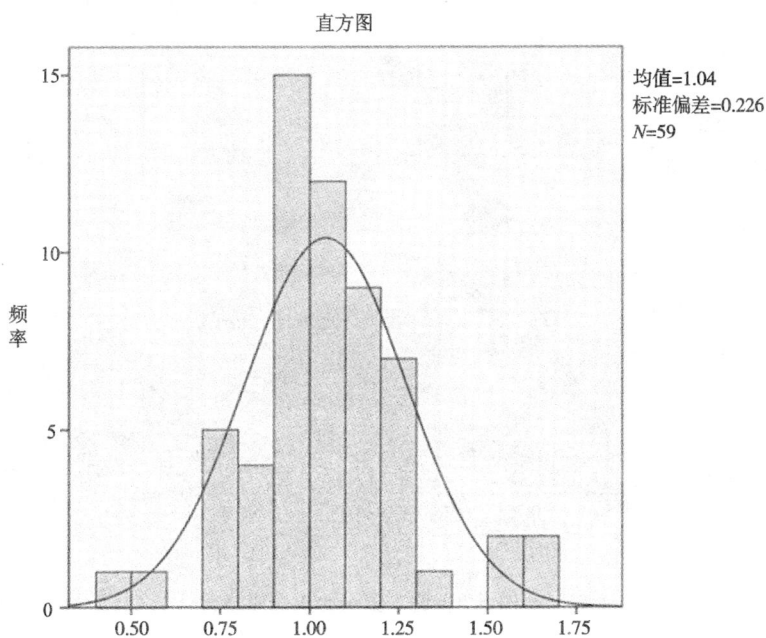

直方图

均值=1.04
标准偏差=0.226
N=59

图 6.4　价差金额比例分布

通过统计分析发现，价差比例在[90%，100%]之间的占比最高，约为 25%；在[100%，110%]之间的占比次之，约为 20%；在[100%，120%]之间的占比约为 15%；在[120%，130%]之间的占比约为 12%；在[80%，90%]和[70%，80%]之间的比例分别约为 7% 和 8.5%。

可见，45% 标段的价差比例在 ±10% 以内，72% 标段的价差比例在 ±20% 以内，88% 标段价差的比例在 ±30% 以内。

从调差金额比例分布来看，近 25% 的调差金额比例在[70%，80%]之间，这主要与计算调差系数取值较高有关，总体来看，调差金额比例在[70%，130%]之间的占比约为 77%。

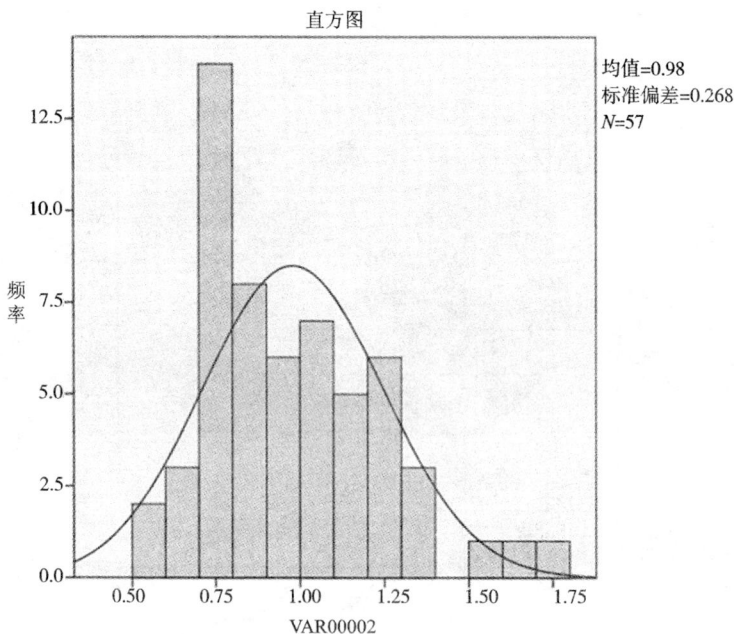

图6.5   调差金额比例分布

6.1.4   计算结果差异原因分析

（1）两种计算方式的本质差异

项目实际所用的实物量调差法的计算原理是通过统计当期实际消耗的材料用量以及各项材料当期价格与基期价格的差值来汇总计算价差金额和调差金额；指数调差法是假设所有材料在建设过程中是均衡投入，依据材料的造价比重，对计量期材料价格指数与基期价格指数的差值来汇总计算价差金额和调差金额。因此，两种计算方法：①计算价差的时间节点明显存在较大差异；②实物量法反映的是具体材料品种的消耗，指数法反映的是材料大类的综合价格波动，两者在价差计算的材料范围上存在一些差异。

（2）调差管理工作的复杂性

调差管理工作与工程进度、成本、质量控制等存在紧密关系，且与项目各方管理水平、调差平台的完善性、数据审查的准确性等因素有关，因此，调差管理工作本身的复杂性给项目价差金额的计算精度带来影响，增加了两种方法计算结果的差异性。

（3）不参与调差的计量金额未剥离

当前计量金额不仅包含需要进行材料调差的金额，还包括采用施工当期材料价格的新增计量金额、包干价合同金额、临时台账金额等不需要进行调差的计量金额。在指数法中，该部分计量金额也进行了价差计算，影响了价差计算的准确性，如 18 标 200 章 2012 年 10 月计量总金额为 286 多万元，其中包括近 70 万元的新增单价的计量，该部分不在调差范围内，因此计算口径的不同会导致两者计算出来的价差金额有较大差异，如表 6.4 所示。

表 6.4　计量金额未剥离的影响说明

计量时间	计量 总金额/元	调差计 量金额/元	基于总金额 的材料价差/元	基于调差计量金 额的材料价差/元	波动比例
201210	2867427	2167427	286131.2	216280.5	130%

同时，临时台账作为预估计量，在指数调差中也计算了价差，与实际调差不相符，可通过标注计量金额的类型将计量金额中的非调差金额进行剥离。

（4）工程变更引起的材料造价权重变化

公路工程施工存在众多不确定性因素，如工程地质勘查结果与实际情况不吻合、工程设计难以满足施工要求等。这种不确定性因素往往带来实际施工过程中的工程变更，从而引起各类材料费用占总材料费用比例的波动，如 19 标 200 章地基处理中原设计采用石灰改良，实际施工中采用水泥改良，带来 I 项目中基于预算清单的 200 章材料造价权重与项目实施施工过程中材料实际消耗量存在较大差异，增大了两种计算方法的差异。

（5）其他问题

现行实物量法材料调差计算中"严格按照清单预算文件计算材料消耗量"规定，个别项目中存在工程量清单中有单价和数量，而清单预算文件中漏掉了该子目，存在无法进行材料消耗计算的状况，导致部分子目无法进行实际材料调差，造成项目实际价差金额与指数计算价差金额的差异。

跨地区公路工程地材调差采用的是线路所在地区的预算价格，在本测算中对跨地区公路地材预算价格未做严格区分。

6.1.5 测算结论

从总体上来看,指数法计算的价差结果与当前实物量法计算的价差结果基本一致,调差金额则因为调差系数确定的复杂性而存在一定差异,但吻合程度亦达到 92.39%。

上述数据说明,采用价格指数法进行材料调差方法可行,结果可靠,其可用于对建设项目材料调差进行宏观管理。而详细对比结果说明,采用项目材料造价权重进行标段调差计算的偏差较大,建议项目业主对各标段应用价格指数调差法时采用各标段材料造价权重。

6.1.6 营改增对材料价格指数调差的影响

以上测算基于营改增前的老项目,公路工程已于 2016 年 5 月 1 日起实施营改增,营改增后材料预算单价是除税的,因而材料价格指数的计算应按除税的预算单价进行,2016 年 5 月份开始发布除税预算价格,为材料价格指数的计算提供了依据。材料造价权重以清单预算(或控制价)数据文件为依据,营改增不改变材料的构成比例和材料价格指数的计算,因而营改增不影响材料价格指数调差。

基于清单预算的造价权重修正系数,营改增后可能会有细微变化,待积累资料后进行测算分析并修正。

6.2 指数调差方法的应用建议

材料调差关系工程建设各方切身利益,通过上述样本项目的实际应用及对比分析,从推广指数调差方法的角度出发,建议从以下方面完善指数调差管理工作。

6.2.1 价格指数调差方法应用范围

价格指数调差方法与现行的实物量调差方法之间存在着一定差异性,应对该方法的应用范围给予明确,保证新旧方法之间的顺利过渡。价格指数调差方法主要应用于新开工建设项目,已开工建设工程可在主管部门、项目业主以及施工单位协商下选择应用新办法或继续使用老办法。

6.2.2　规范价格指数调差工作流程

价格指数调差管理工作包括基础数据的获取、计算、发布，补贴金额的支付和负调差金额的扣回如何执行等一系列问题，涉及项目业主、省高速公路管理局、省交通运输厅等建设主体和职能部门。应首先明确各主体的责任和权利，理顺各方的工作界面，形成责任、权利相匹配的调差管理工作流程，将具体工作与责任主体一一对应，确保指数调差管理工作的顺利开展。

具体来说，基础数据包括材料价格指数、项目权重和计量金额三项。

（1）材料价格指数

材料价格指数的计算数据源来自省交通造价站发布的材料预算价格，建议省交通造价对材料价格指数的数据采集、计算和发布进行统筹管理。

（2）项目权重

项目权重计算的基础数据为项目清单预算表和招标控制价，可在项目造价审查过程中同步完成权重确定。

（3）计量金额

计量金额是伴随工程施工过程产生的数据信息，具有信息量大、动态性、相对隐蔽等特点，在价格指数调差管理中，应对项目计量金额的类型、内容、获取方式做出明确规定。

当前项目计量金额不仅包括合同完成金额，还包括部分按照新增单价完成的金额及其他不进行材料调差金额，在统计计量时应对不参与材料调差的计量金额进行区分，以保证材料调差计算的准确性。

项目计量金额是分类工程、标段计量金额的汇总值，应对计量金额的具体内容进行明确，如项目分类工程计量金额、项目各标段分类工程计量金额。

从调差管理的时效性上考虑，计量金额的数据信息应保持同步传送到对口管理部门，可通过信息管理平台实现。

6.2.3　科学设计调差系数

调差系数的选取，对材料调差金额有直接且重要影响。应用指数调差方法，有交通厅职能部门对项目业主和项目主业对施工单位两个层面，在设计调差系数时，应该将两个层面统一起来考虑，即体现业主和施工方这两个主要建设主体之间的风险共担，同时满足建设资金管理和业主进行项目管理的权限需求。调差系数的设计可以按固定比例(如60%)或梯级比例(如价格指数差±10%以内甲方承担30%,±10%以上部分甲方承担80%)。

从政策延续性的角度考虑,建议湖南省公路工程材料调差系数的设计采用梯级比例:材料价格指数波动一定幅度内调差系数取0.3,超过该幅度的调差系数取0.8。

对B、F和D三个项目进行试算,三个项目的实际材料调差综合比例(材料调差金额÷材料价差金额)为64.16%,取不同的价格指数波动幅度试算的材料调差综合比例如表6.5及图6.6所示。

表6.5 不同价格指数波动幅度下试算的材料调差综合比例/%

幅 度	5%	6%	7%	8%	9%	10%	11%	12%	13%
B高速	73.19	71.57	69.84	68.08	66.3	64.5	62.73	61.01	59.26
F高速	68.72	66.46	64.15	61.86	59.59	57.33	55.17	53.11	51.13
D高速	73.58	72.41	71.21	69.93	68.61	67.27	65.92	64.61	63.39
平 均	71.83	70.15	68.40	66.62	64.83	63.03	61.27	59.58	57.93
实 际	64.16								

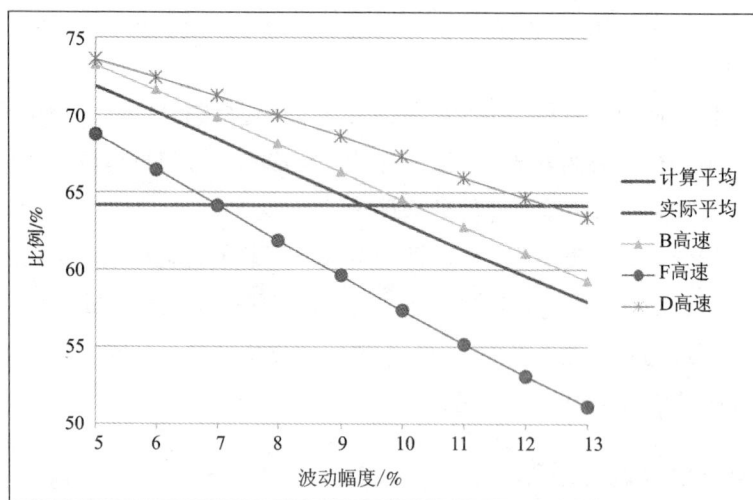

图6.6 不同价格指数波动幅度下试算的材料调差综合比例

图6.6表明,取材料价格指数波动幅度9.4%(即材料价格指数波动幅度在9.4%以内时,调差系数取0.3;指数波动幅度超过9.4%部分,调差系数取0.8),

与现行调差系数(材料价格变化幅度在10%以内时,调差系数取0.3;材料价格变化幅度在10%以上,调差系数取0.8)下的材料调差综合比例相当。建议取材料价格指数波动幅度9%或10%作为材料调差梯级系数的分界点。

由于材料价格指数有单一材料价格指数,也有综合材料价格指数,单一材料价格指数的波动幅度与其材料价格的波动幅度一致,综合材料价格指数波动幅度是其组成材料中各种材料的价格波动幅度加权平均值,波动幅度表现得相对平缓,因而如果要维持当前《调差细则》下的材料调差水平,材料价格指数的波动幅度取值要略小于按材料价格的波动幅度取值。

6.2.4　合理确定调差周期

指数法调差中假定工程实施过程中各类材料按照时间均衡投入。这一假定导致材料计算价差的时间节点和材料实际消耗的时间节点存在一定差异,当市场价格波动频繁且幅度较大时,对材料价差计算结果的准确性造成一定影响。应合理确定指数调差周期,即满足市场价格波动幅度的要求且能够平衡材料计算时间节点和消耗时间节点之间的差异。建议材料调差按季度进行,同时材料造价指数也按季度发布。

6.2.5　明确项目业主调差管理权限

公路工程材料指数调差管理是针对项目建设资金的宏观管理,项目业主作为项目建设管理的主体,需对其调差管理权限进行明确,包括其在调差管理中的责任、范围,与项目业主在项目进度、质量、安全控制责任相匹配。业主对施工方的材料调差管理方法可采用价格指数法,也可以依据项目特性以及业主、施工方的管理能力综合来确定。在标段上采用价格指数调差方法的计算过程与式(4-1)的计算保持一致,只需要将项目章节材料造价权重改为标段章节材料造价权重即可。同时,在标段采用指数法调差还应该加强对工程变更、调差周期、支付和扣除方法等细节问题在合同中加以明确,减少后期争议。

6.2.6　关于材料造价权重

建议造价主管部门在审查项目招标控制价时,增加材料造价权重内容,审查报告中附加各标段及整个项目的材料造价权重信息,并作为指数法材料调差的参数依据。如不作招标控制价审查,可按清单预算进行造价权重分析,并用修正系数进行修正。

6.2.7 关于项目基期

项目基期确定为开标前 28 d 所在期，一般情况下，清单预算编制时间与招投标时间临近，清单预算表中材料价格与项目基期价格基本保持一致。当清单预算编制时间与项目招投标时间相隔三个月以上时，应依据项目基期价格对项目材料造价权重进行修订，保证项目材料造价权重计算的价格水平与项目基期材料价格水平保持一致。

针对分期招投标项目，应分别计算项目基期及材料造价权重。

6.2.8 关于跨地区公路工程

跨地区公路工程的材料价格指数可依据线路分布情况进行加权平均计算，具体计算式如下：

$$R = \frac{\sum R_i \times L_i}{L} \tag{5-1}$$

式中：R 加权平均材料价格指数；R_i 为某地区材料价格指数；L_i 为线路经过某地区长度；L 为线路总长度。

6.2.9 加强材料价格指数体系构成的监控

指数调差方法对材料价格指数的合理性和代表性有较高要求，这就需要造价管理部门加强对材料消耗结构的监控。当材料消耗结构发生变化时，应及时对材料指数体系进行更新，为材料调差管理提供基础数据。一般材料消耗结构发生变化主要是由于规范的更新、新材料的推广应用以及设计理念的重大转变等因素，因此，当出现上述情况时，需要对材料消耗情况进行重新测算

6.3 计算示例

某公路项目全长约 25 km，设计速度 100 km/h，包括 4 个有效标段，时间周期为 2010 年 3 月—2013 年 12 月。调差按季度进行，调差系数范围值确定为 10%。

1. 材料价格指数。

表 6.6 所示为材料价格指数信息。

表 6.6　材料价格指数信息/%

章节	材料	项目基期 2009年第3季度	2010年第3季度	2010年第4季度	2011年第1季度	2011年第2季度	2011年第3季度	2011年第4季度	2012年第1季度	2012年第2季度	2012年第3季度	2012年第4季度	2013年第1季度	2013年第2季度	2013年第3季度	2013年第4季度	2014年第1季度
	钢材	112.97	119.86	122.99	129.44	133.18	134.02	120.54	116.00	113.56	103.87	106.17	109.28	105.98	100.94	102.49	100.00
	水泥	84.90	85.98	85.47	99.17	115.33	110.99	98.46	85.22	73.53	78.03	87.89	89.63	78.87	82.16	98.34	100.00
	柴油	82.38	88.77	88.89	93.42	100.26	99.81	97.29	100.05	100.79	98.32	104.52	103.95	103.33	103.12	103.12	100.00
	中(粗)砂	51.36	57.83	60.31	49.70	56.22	55.07	56.59	55.84	81.13	80.15	86.32	92.46	85.73	89.58	90.30	100.00
	碎(砾)石	87.24	94.86	104.32	85.27	105.46	103.63	105.09	102.72	130.30	128.61	147.75	134.56	114.56	123.17	125.08	100.00
200	水泥	84.99	86.01	85.49	99.21	115.35	110.98	98.44	85.16	73.49	78.06	87.86	89.62	78.82	82.10	98.30	100.00
	柴油	82.38	88.77	88.89	93.42	100.26	99.81	97.29	100.05	100.79	98.32	104.52	103.95	103.33	103.12	103.12	100.00
	中(粗)砂	51.36	57.83	60.31	49.70	56.22	55.07	56.59	55.84	81.13	80.15	86.32	92.46	85.73	89.58	90.30	100.00
	碎(砾)石	98.82	107.20	118.06	96.49	119.59	117.40	119.14	116.49	146.00	145.63	167.53	151.08	129.27	138.89	140.92	100.00
400	钢材	108.85	116.82	120.14	126.49	130.04	130.44	117.37	113.32	111.05	102.26	105.22	108.29	105.33	100.33	102.14	100.00
	水泥	81.02	84.55	84.52	97.36	114.26	111.21	98.93	87.75	75.43	77.03	89.13	90.34	81.26	84.95	99.99	100.00
	柴油	82.38	88.77	88.89	93.42	100.26	99.81	97.29	100.05	100.79	98.32	104.52	103.95	103.33	103.12	103.12	100.00
	中(粗)砂	51.36	57.83	60.31	49.70	56.22	55.07	56.59	55.84	81.13	80.15	86.32	92.46	85.73	89.58	90.30	100.00
	碎(砾)石	65.09	73.53	80.02	65.58	80.66	79.42	80.40	78.47	104.66	97.57	111.74	103.01	89.46	95.40	97.36	100.00

续表6.6

章节	材料	项目基期 2009年第3季度	2010年第3季度	2010年第4季度	2011年第1季度	2011年第2季度	2011年第3季度	2011年第4季度	2012年第1季度	2012年第2季度	2012年第3季度	2012年第4季度	2013年第1季度	2013年第2季度	2013年第3季度	2013年第4季度	2014年第1季度
500	钢材	110.06	116.06	120.94	127.78	130.59	130.77	119.37	114.36	112.49	103.54	106.15	108.81	105.71	100.47	101.89	100.00
	水泥	84.77	85.93	85.44	99.11	115.30	111.00	98.48	85.32	73.61	78.00	87.94	89.64	78.95	82.25	98.40	100.00
	柴油	82.38	88.77	88.89	93.42	100.26	99.81	97.29	100.05	100.79	98.32	104.52	103.95	103.33	103.12	103.12	100.00
	中(粗)砂	51.36	57.83	60.31	49.70	56.22	55.07	56.59	55.84	81.13	80.15	86.32	92.46	85.73	89.58	90.30	100.00
	碎(砾)石	65.56	73.92	80.73	65.91	80.97	79.74	80.72	78.80	104.84	98.04	112.09	103.10	89.37	95.31	97.21	100.00

材料价格指数的计算具体参见附件四。

2. 项目材料造价权重

表 6.7 所示为项目材料造价权重。

表 6.7　项目材料造价权重/%

材料类型	200 章路基	300 章路面Ⅱ	400 章桥涵	500 章隧道
钢材	0.85	0.00	41.31	0.00
水泥	2.86	17.18	9.41	0.00
柴油	17.97	4.85	1.39	0.00
中(粗)砂	1.98	1.26	1.93	0.00
碎(砾)石	1.69	49.12	3.62	0.00
片(块)石	4.81	0.00	0.00	0.00

项目材料造价权重的计算依据为清单预算表各分类工程中类型材料的总成本和招标控制价，通过 4 个标段材料造价权重的加权平均汇总得到。本项目没有隧道工程，故其材料造价权重统一设置为 0。

3. 计算过程

表 6.8 所示为调差金额计算表。

表 6.8　调差金额计算表/元

日期		2010 年第三季度	2010 年第四季度	2011 年第一季度	2011 年第二季度	2011 年第三季度	2011 年第四季度
计量金额	200 章	297650.00	7948996.00	5028922.00	17097332.00	19658177.00	3254306.00
	400 章	3030485.00	4083835.00	2621205.00	6440233.00	10533653.00	7345969.00
200 章材料调差金额	钢材	46.29	1797.80	2848.17	13530.87	16562.35	556.59
	水泥	32.28	456.03	12141.70	115738.32	110070.15	7233.96
	柴油	1244.54	33830.01	51608.01	379707.53	420924.05	55426.80
	中(粗)砂	298.47	14059.19	-964.48	9593.21	8417.41	2023.16
	碎(砾)石	131.64	14297.07	-576.26	33792.34	33280.65	6245.13
	合计①	1753.22	64440.10	65057.13	552362.27	589254.61	71485.64

续表6.8

日期		2010年第三季度	2010年第四季度	2011年第一季度	2011年第二季度	2011年第三季度	2011年第四季度
400章材料调差金额	钢材	27482.36	55632.86	86184.57	281306.17	472810.62	71257.75
	水泥	3723.55	4976.50	27453.12	168498.35	245749.70	87615.91
	柴油	979.46	1343.47	2079.28	11055.86	17434.50	9671.20
	中(粗)砂	2960.29	7036.21	−489.71	3520.14	4393.76	4448.80
	碎(砾)石	5889.23	19715.65	211.86	32934.14	48065.39	36692.63
	合计②	41034.89	88704.68	115439.12	497314.65	788453.98	209686.29
指数法计算金额	计量期合计③=①+②	42788.11	153144.8	180496	1049677	1377709	281171.9
	总计	3084987					

以千标部分计量金额计算为例。

以2010年第三季度200章中钢材调差金额的计算过程为例。

①该项目200章中钢材的造价权重为0.85%；

②该项目基期200章钢材价格指数为112.97%，当期价格指数为119.86%，如表6.8所示；

③2010年第三季度标段1中200章计量金额为297650.00元；

④价格波动幅度 $i = \dfrac{119.86\% \sim 112.97\%}{112.97\%} = 6.10\%$，$i < 10\%$，则调差系数取0.3，钢材调差金额为 $297650 \times 0.85\% \times 6.10\% \times 0.3 = 46.29$（元）

⑤2011年第二季度200章钢材价格指数为133.18%，价格波动幅度 $i = \dfrac{133.18\% \sim 112.97\%}{112.97\%} = 17.88\%$，$i > 10\%$，则调差系数10%以内取0.3，10%以外取0.8，钢材调差金额为：

$$17097332 \times 0.85\% \times 10\% \times 0.3 + 1709732 \times 0.85\% \times$$

$$(17.88\% \sim 10\%) \times 0.8 = 13530.87（元）$$

参考文献

[1] 新疆公路工程造价管理站. 公路工程造价指数研究[M]. 新疆：新疆科学技术出版社, 2009

[2] 申爱琴. 道路工程材料[M]. 北京：人民交通出版社, 2010

[3] 邢国东. 公路工程材料价格影响因素分析[C]. 2007年华北、东北公路工程造价管理联络网会论文汇编, 2007

[4] 徐国祥. 统计指数理论、方法与应用研究[M]. 上海：上海人民出版社, 2011

[5] 竹隰生. 美国建筑人工成本特点及其对我国的启示[J]. 建筑经济, 2008(3)：9-12

[6] 李远生. 造价指数动态管理工程[J]. 江西科学, 2005, 23(6)：793-795.

[7] 交通运输部职业资格中心. 公路工程造价的计价与控制[M]. 北京：人民交通出版社, 2011

[8] 曾志威. 公路工程项目材料价格变化的动态因素及对策分析[J]. 中外公路, 2014, 34(6)：326-328

[9] 孔祥国. 材料价格对公路造价的影响探究[J]. 科技展望, 2015(27)：34

[10] 沈维春, 董士波. 工程造价指数体系与计算模型研究[J]. 技术经济, 2008, 27(10)：62-67

[11] Guoliang LI, Jianping ZHANG. Analysis and Forecast of Construction Cost Index [C]. International Conference on Engineering and Business Management, 2012：1854-1857.

[12] Austin D, Macauley M. A quality-adjusted cost index for estimating future consumer surplus from innovation 明. Resources for the Future, 1998, 25(7)：32-381

[13] 柯洪, 夏立明. 建筑安装工程造价指数编制方法的探讨[J]. 天津理工学院学报, 2003(4)：37-39

[14] 王庆元, 付建广, 周伟. 公路工程造价指数的编制方法及其应用[J]. 公路, 2004(9)：81-85

[15] 吴学伟, 任宏, 竹隔生. 英国与中国香港的工程造价信息管理[J]. 建筑经济, 2007(2)：88-90

[16] 李远生. 造价指数动态管理工程[J]. 江西科学, 2005, (6)：793-795

[17] 彭雄文, 杜华. 工程造价成本指数的编制[J]. 山西科技, 2007(3)：71-72

[18] 沈维春, 董士波. 工程造价指数体系与计算模型研究[J]. 技术经济, 2008(10)：62-67

[19] Lin Chun yan. The Further Development and Application of Grey Forecasting Model[J]. of

Systems Science and Systems Engineering, 2002, 11(3)

[20] Qin Bo ping, Zhou Xian wei, Yang Jun. Grey – theory based intrusion detection model[J]. Journal of Systems Engineering and Electronics, 2006, 17(1): 230 – 235

[21] 曹峻. 关于工程造价指数编制模型的探讨[J]. 广西城镇建设, 2009, (2): 126 – 128

[22] 杨培育. 水利水电工程施工合同价格调整中价格指数的确定[J]. 山西水利科技, 2005, (2): 79 – 80.

[23] 丁敏. 工程造价分析及造价指数在项目实施中的作用[J]. 中国市政工程, 2007, (6): 66 – 67

[24] 乔万贵. 浅谈建设工程材料价格的动态管理[J]. 山西建筑, 2002(4): 132 – 133

[25] 杨向涛. 浅谈高速公路工程项目材料价差方式[J]. 中国集体经济(下半月), 2007(2): 51 – 54

[26] 程杰. 公路材料价差调整的探讨[J]. 山西建筑, 2008, 34(35): 265 – 266.

[27] 张立肖. 高速公路项目材差调整方式[J]. 交通世界(建养·机械), 2010(4): 18 – 20

[28] 张秋陵, 肖光宏. 工程项目材料价差调差方法的探讨和分析[J]. 重庆建筑, 2007, 47(9): 40 – 42

[29] 袁铁权, 董书奎, 李杨, 等. 吉林省高速公路材料调差方式的探讨[J]. 吉林建筑大学学报, 2013, 30(4): 37 – 39

[30] 杜云梦, 罗杏春. 交通建设项目材料调差的一种改进方法[J]. 交通标准化, 2014, 42(20): 104 – 109

[31] 李英. 基本价格法在公路建设材料价差调整中的应用[J]. 山西交通科技, 2014, 228(3): 19 – 21

[32] 焦鹏. 论价格指数的微观经济研究方法[J]. 工作视点, 2006 (12): 68 – 69

[33] 吴学伟. 住宅工程造价指标及指数研究[D]. 重庆: 重庆大学, 2009

[34] 张道德. 公路工程造价指数分析与预测[J]. 公路, 2010(6): 228 – 231

[35] 周仁强. 工程造价指数的信息采集和编制研究[D]. 重庆: 重庆大学, 2005

[36] 陈威. 建设工程造价指数预测研究[D]. 重庆: 重庆大学, 2009

[37] 杜可可. 重庆市工程造价信息及指数系统平台建立与应用研究[D]. 重庆大学, 2007

[38] 张秋陵, 肖光宏. 工程项目材料价差调整方法的探究和分析[J]. 重庆建筑, 2007

[39] 石江波, 张艳, 唐笑一. 利用材料价格指数调整材料价差的方法探讨[J]. 招投标与造价, 2015(3): 45 – 47

[40] 湖南省交通运输厅. 湘交基建[2013] 286 号. 关于交通建设项目人工和主要材料价差调整的指导意见, 2013

[41] 湖南省交通运输厅交通建设造价管理站. 湘交造字[2013]9 号. 关于发布我省交通建设项目人工和主要材料价差调整实施细则的通知, 2013

[42] 新疆维吾尔自治区交通厅. 新交造价[2009]3 号. 新疆公路工程项目施工期价格调整工作指导意见, 2009